Guide pratique de l'entente entre chiens et chats

Laetitia – OuafMag.com
Morgan - laVieDesChats.com

SOMMAIRE

Introduction

Vous vivez avec un chat et un chien ou ce sera bientôt le cas : quelle chance !

Nous avons tous des rêves ou des attentes pour les relations entre nos chats et chiens. Les plus exigeants d'entre nous doivent se montrer plus réalistes. Nous devons revoir nos objectifs pour être en phase avec le monde des animaux.

Les chiens et les chats vivent dans notre monde d'humains. Ce n'est pas à eux de comprendre notre univers. C'est à nous de comprendre leur mode de vie, leur comportement, leur façon d'exprimer leur mal-être ou leurs troubles. C'est dans cette optique que nous avons écrit ce livre.

Ils sont incapables de comprendre nos règles de vie et nos normes sociales. Par exemple, votre chat ne sait pas et ne peut pas comprendre que ses pipis sur la moquette vous dégoûtent ou vous exaspèrent. Votre chien ne sait pas et ne peut pas comprendre qu'aboyer sur votre chat vous agace ou vous angoisse. Pour eux, un pipi ou un aboiement est un moyen d'expression normal ; ce n'est nullement un moyen de nuire.

Si vous êtes contrarié, un chat ou un chien peut le voir. Sa réaction sera de se protéger de votre colère. Un chat peut déguerpir dans le jardin. Un chien peut se coucher dans son panier. Votre mécontentement n'est pas une façon d'apprendre quoi que ce soit à vos animaux. Si vous employez des méthodes coercitives (avec usage de la force ou la menace), vous culpabiliserez et surtout, vous générerez plus de dégâts que de bienfaits.

Pour harmoniser l'entente entre chat et chien, il faut s'efforcer de comprendre les causes possibles de leurs comportements.

Le chien comme le chat agissent dans leur propre intérêt. L'une des clés de la cohabitation est donc de vous intéresser à ce que veulent vos animaux et, quand cela pose problème, à trouver pourquoi ils le veulent : quel intérêt ont-ils à faire ce qu'ils font ?

Vous pouvez alors les amener à vouloir autre chose : vous suscitez un nouvel intérêt qui sera bénéfique pour eux et socialement acceptable dans le monde des humains. Vous avez décelé les causes d'un comportement gênant ou préoccupant : le chat n'urine plus sur la moquette et le chien n'aboie plus sur le chat.

Ils changent de comportement non pas pour nous satisfaire mais parce que nous avons satisfait des besoins.

Il faut à la fois proposer à nos compagnons des apprentissages et gérer correctement leur environnement et leur qualité de vie : tout est lié lorsque l'on s'occupe d'un animal domestique. Chiens et chats n'ont pas tout à fait les mêmes besoins pour être heureux mais ils se rejoignent sur certains aspects. Par exemple, si vous ouvrez une porte après qu'ils aient gratté avec leur patte, tous deux comprennent comment vous demander d'ouvrir la porte la prochaine fois. La façon dont vous pouvez apprendre à l'un et à l'autre de nouveaux comportements est toutefois différente.

Nous pensons que le respect des animaux est la meilleure fondation pour viser la paix et l'harmonie !

Pour Laetitia du site OuafMag.com et Morgan de laVieDesChats.com, il était naturel de se rencontrer un jour. Nous voulions aider plus de personnes. Nos expériences mises en commun ont nourri l'essentiel de cet ouvrage. Nous avons sollicité nos lecteurs aussi, en les invitant à nous proposer leurs questions sur nos sites. C'était un bon moyen de compléter nos expériences. C'était aussi la garantie d'être au plus proche des problèmes auxquels vous êtes confronté dans la relation entre chats et chiens chez vous. Grâce à plusieurs cas concrets décrits dans cet ouvrage, vous allez mieux évaluer et gérer la situation entre votre chien et votre chat.

Nous avons adoré confronter nos différentes expériences, nos points de vue, nos connaissances sur le canidé ou le félin, nos fidèles compagnons que nous aimons tant. Nous espérons que notre passion vous apporte l'éclairage dont vous avez besoin pour le plus grand bonheur de vos animaux et le vôtre.

Première Partie – Comment éviter les agressions

Il est très fréquent que chiens et chats ne parviennent pas à trouver un terrain d'entente. A la fin de cette première partie, vous aurez un bon aperçu de ce qu'il est possible de faire pour favoriser la paix.

1) Empêcher un chien de se précipiter sur un chat

Il existe plusieurs raisons pour lesquelles votre chien peut se précipiter sur votre chat et il est important de bien connaître les causes de ce comportement. Laetitia vous propose de mieux comprendre ce qui se passe et d'envisager différentes solutions.

L'instinct de poursuite

Qu'est-ce que c'est ?

C'est une sorte de pulsion que tous les chiens possèdent. C'est génétique. Ce n'est pas un trouble du comportement ni un trait de caractère. La sélection (faire se reproduire certains spécimens et pas d'autres pour obtenir certaines caractéristiques) a donné lieu à plusieurs centaines de races de chiens. Tandis que certaines races ont un faible instinct de poursuite, d'autres en ont un très fort. La plupart des chiens dotés de cette forte pulsion sont réactifs aux petits mammifères mais il y a des chiens reproduits pour la chasse aux proies à plumes qui sont surtout réactifs aux volatiles. D'autres sont réactifs à « tout ce qui bouge ».

Pour de nombreuses races de chiens, l'instinct de poursuite sert à chasser mais, sous une autre forme, il sert à rassembler des troupeaux, trouver de la drogue ou des armes, etc. C'est très utile que les chiens mettent tant d'ardeur dans ce qu'ils font car c'est facile de leur apprendre certaines tâches. C'est donc très difficile à modifier chez certains chiens, voire complètement impossible. Il arrive que, malgré tous vos efforts, votre chien ne puisse tout simplement pas côtoyer un chat au quotidien. Il représente un trop grand danger. Vous ne pouvez pas changer ce pour quoi une race de chien est reproduite.

Néanmoins, il y a toujours des choses à tester parce que chaque chien est différent en dépit de caractéristiques communes à une race et chaque chien vit dans un environnement différent.

En outre, la façon dont votre chat se comporte compte aussi beaucoup.

Le chien n'est pas un prédateur au sens strict de la zoologie. Votre chien ne chasse pas votre chat parce qu'il a faim. Retenez qu'il s'agit d'une pulsion qui lui apporte du plaisir. Si vous comprenez bien cela, vous pourrez agir efficacement. Pourquoi ? Parce que vous allez comprendre 3 points essentiels.

Comme tout autre comportement qui fait plaisir à votre chien :

- Plus il a d'occasion de se précipiter sur votre chat, plus le plaisir se renforce chez votre chien. Il ne peut que constater que courser votre chat est extrêmement gratifiant, à chaque fois qu'il le fait. Il apprend de lui-même qu'il vaut la peine de le pourchasser ; c'est

5

tellement amusant ! Il faut donc tout faire pour que la course poursuite ne commence pas.

- A un moment donné, c'est trop tard pour faire quoi que ce soit. Votre chien est en pleine action, submergé de plaisir : il ne peut pas vous écouter.

- Il est tenté d'assouvir une pulsion en voyant votre chat ; si vous lui proposez, à la place, de se faire gronder ou punir, votre chien n'a aucun intérêt à abandonner. Tandis que si vous lui proposez encore mieux, encore plus de plaisir, il a une bonne motivation pour ne pas s'élancer.

Comment l'en empêcher ?

Pour lutter contre un instinct de poursuite prononcé donc une source d'immense satisfaction pour un chien, créer une source de satisfaction encore plus grande est la seule chose qui fonctionne vraiment.

Quand un chien poursuit un chat, il y a toujours trois phases différentes et même si elles sont très rapides, vous pouvez toujours les distinguer :

- voir le chat et avoir envie de le courser

- courser le chat

- terminer la course

Pour que votre chien s'intéresse au plaisir que vous lui proposez en compensation du plaisir de poursuivre, il est impératif d'agir avant la fin de la première phase.

Celle-ci peut durer une fraction de seconde : le chien voit le chat et part tout de suite après lui. Beaucoup de chiens nous donnent une fraction de seconde supplémentaire (merci !). En effet, si un chien ne traque pas un autre animal pour se nourrir, au moment où il pourchasse un chat, on assiste à ce qu'on appelle la « séquence de prédation », comme chez les vrais prédateurs qui ont faim. C'est une série de comportements variables mais qui peut ressembler à cela :

- le chien se fige brièvement ou plus longuement

- et/ou il se baisse (certains se mettent presque à plat ventre tandis que d'autres ne baissent que légèrement la tête)

- ou, au contraire, il se redresse

- il se lance à la poursuite du chat (certains chiens avancent d'abord « discrètement »)

Ensuite le chat détale, se défend ou ne bouge pas.

Ne pas bouger est salutaire avec pas mal de chiens car c'est le mouvement qui déclenche la poursuite. C'est le cas d'au moins deux chats de mon immeuble qui voient passer ma chienne tous les jours. S'ils sont couchés trop près du bord de l'allée, elle fait parfois un bond en avant en aboyant mais ces chats ne bougent pas d'un poil et ma chienne ne passe pas à la phase de poursuite. On dirait qu'elle s'en désintéresse totalement.

Ceci nous mène à deux paramètres majeurs dont vous devez tenir compte absolument si vous voulez au moins avoir une petite chance de réussir :

- LA DISTANCE : plus ce qui déclenche un chien est loin de lui, plus vous avez de chance qu'il s'en désintéresse rapidement.

- LE MOUVEMENT : moins le petit animal irrésistible bouge, plus vous avez de chance également.

Vous devez faire appel aux émotions de votre chien au lieu de tenter de le « raisonner » comme s'il s'agissait d'une personne consciente de ses actes :) Si vous créez un gros dilemme émotionnel au bon moment (avant qu'il ne soit submergé de plaisir), votre chien peut vous écouter.

Le rappel

Voici une façon possible de procéder. C'est une des plus simples et efficaces à la fois. Vous dites « au pied » à chaque fois que votre chien est venu vers vous. Faites-le dans la vie quotidienne quand il vient de lui-même, par exemple, pour une caresse. S'il ne vient pas souvent, attirez-le mais sans rien dire. Vous pouvez vous accroupir, faire du bruit avec un sachet, les clés de la voiture, faire un bruit de bisou, faire semblant de chercher quelque chose... intriguez-le. Ne dites rien, sauf « au pied » une fois qu'il est arrivé tout près de vous. Donnez-lui une petite friandise quand vous dites « au pied ». Faites-le à la maison, dehors, partout.

Assez souvent, il ne faut que quelques jours de répétitions. Puis, un jour, vous dites « au pied » (sans l'intriguer au préalable) et votre chien vient vers vous : cette fois-ci, il est récompensé pour être venu parce que vous le lui avez demandé (il a compris)– pensez toujours à faire varier les récompenses, que ce soit une surprise, que votre chien ne s'habitue pas à tel ou tel bonbon. Vous n'utiliserez pas des bonbons ad vitam aeternam, je vous rassure tout de suite.

Il est impératif de s'entrainer d'abord sans la présence de votre chat. On fait simplement des répétitions dans le plus grand nombre possible de circonstances, en allant des plus faciles aux plus difficiles. C'est à vous d'estimer ce qu'il y a de plus facile pour votre chien mais, avec votre chat, vous devrez tenir compte de la DISTANCE et du MOUVEMENT.

Voici un schéma type de répétitions pour l'apprentissage d'un bon rappel en présence d'un chat :

- mon chien ne fait rien de très captivant ; il est en train de renifler un tapis sans trop d'entrain : je m'accroupis face à lui car je sais que ça le fait venir ;

- il vient vers moi : je dis « au pied » dès qu'il est tout près et je lui donne une friandise ;

- quelques minutes plus tard, mon chien vadrouille tranquillement dans le jardin : je lui montre sa balle car je sais que ça le fait venir ; il vient la chercher ; je dis « au pied » dès qu'il prend la friandise (et je lance sa balle) ;

- je répète aussi souvent que possible et, rapidement, je n'ai plus besoin d'attirer mon chien : je peux dire « au pied » s'il n'est pas plongé dans une activité passionnante et il vient aussitôt et je le récompense ;

- l'occasion de le faire en présence du chat va vite se présenter mais je vais choisir un moment où mon chat est assez loin et assez immobile pour le faire : il est sur un mur dans le jardin. Je dis « au pied » quand mon chien tourne la tête parce qu'il a vu mon chat. Il vient vers moi et je le récompense ;

- j'essaie de le faire plusieurs fois avant de tenter « au pied » quand mon chat est plus près de mon chien et/ou qu'il est en train de bouger.

N'attendez surtout pas que votre chien ait trop réagi à votre chat pour dire « au pied ». Vous pouvez dire « au pied » à tout moment avant que votre chien ne soit en pleine phase d'action. Votre chien vient de voir votre chat ? Dites « au pied ».

Seulement quand votre chien revient bien quand vous l'appelez, vous pouvez diminuer les récompenses : une fois sur deux, trois, quatre... Mais prenez l'habitude de le féliciter et faites-le toujours. Sachez que ce n'est pas une science exacte. S'il le faut, parfois, nous devons récompenser un peu plus, à nouveau, puis recommencer à réduire.

Ne vous inquiétez pas, ce n'est pas facile avec certains chiens et votre chien pourra encore s'élancer à la poursuite de votre chat quelques fois parce que vous n'avez pas réagi assez tôt, parce qu'il est trop près de votre chat, parce que votre chat est en train de courir, etc. Entraînez-vous encore dans toutes sortes de situations, à la maison, dans le jardin, en promenade et faites bien attention à tous les paramètres qui semblent vous aider (quelle distance, quel endroit, etc.).

Surtout, ne grondez pas votre chien s'il est parti après votre chat. Vous réduiriez considérablement vos chances de le faire venir la prochaine fois avec « au pied » car vous ne seriez plus uniquement source de joie. Si vous voulez progresser vers un super rappel, il faut vous maîtriser, malgré la colère qui s'empare de vous. Montrer votre colère alors que votre chien est en train de consommer pleinement son plaisir est complètement contre-productif. Vous sabotez tous vos efforts.

Le problème de la frustration

Un chien que l'on empêche sans cesse de satisfaire ses instincts devient irrémédiablement frustré. Il peut développer des comportements inquiétants. Il peut, par exemple, s'arracher des touffes de poils. Avec certains chiens, vous essayez par tous les moyens de les empêcher de poursuivre votre chat, ça empire et vous ne comprenez pas pourquoi. Ils deviennent même, parfois, plus agressifs dans leurs interactions avec les chats. Ce n'est pas étonnant : vous pouvez créer, malgré vous, une association très néfaste. Votre chien finit par associer votre chat à des émotions négatives si, à chaque fois qu'il le voit, il est réprimandé.

En utilisant le rappel de la façon dont je vous l'ai décrit, vous ne risquez pas de générer de la frustration : votre chien, au lieu de courser votre chat, va connaître un grand plaisir en revenant vers vous. De cette façon, vous proposez à votre chien quelque chose de génial (« au pied » = récompense) à la place de quelque chose de génial (courser le chat qui est une autre forme de récompense).

Si vous dites « non », si vous criez, si vous allez attraper votre chien par le collier ou la peau du cou (totalement inutile, soit dit en passant) ou que vous jetez une chaussure sur lui, votre chien peut vite devenir très frustré.

Et quand bien même faire peur ou faire mal à son chien est efficace, bien sûr, cela ne marche que sur l'instant présent. Votre chien n'est pas en train d'apprendre quoi que ce soit pour pouvoir le refaire sur ordre à tout moment. En outre, vous ne construisez aucune relation si vous avez le réflexe de vous opposer. En lui apprenant que venir vers vous est gratifiant, vous construisez une relation. Ce que votre chien peut apprendre si vous ne vous contrôlez pas, c'est qu'il faut se méfier de vous.

Montrez à votre chien que revenir vers vous est toujours source de plaisir. Montrez-le lui quand il y a une autre source de plaisir potentielle à proximité. N'essayez pas tout de suite de lutter contre un plaisir incommensurable tel que courir après des chats.

Conseils supplémentaires

Pour mieux parvenir à éteindre ou atténuer l'instinct de poursuite et le modifier en intérêt 100% tourné vers vous-même, je vous conseille :

- De ne pas laisser vos animaux sans surveillance pendant la phase d'adaptation (jusqu'à ce qu'il y ait des progrès visibles) ; c'est pourquoi je recommande de prendre au moins une semaine de congés à l'arrivée de tout animal chez soi. Je pense que c'est très important car observer ses animaux et agir (de la bonne façon) aux moments cruciaux est capital.

- De montrer votre satisfaction. Récompensez-le mais montrez-lui aussi que vous êtes content qu'il soit venu. Le chien n'est pas une machine. Rappelez-vous que vous voulez susciter une forte émotion de plaisir.

- De lui offrir plus d'exercice physique et de le

faire jouer aussi souvent que possible. Privilégiez ses jeux préférés. Il arrive que l'exercice physique à plus haute dose règle le problème en bonne partie. De nos jours, nos chiens s'ennuient globalement beaucoup. Un chien fatigué a moins envie de pourchasser quoi que ce soit.

Et si jamais vous voyez votre chien, à n'importe quelle occasion et quelle que soit la raison, venir vers vous ou se désintéresser de votre chat alors que celui-ci est dans son champ de vision, profitez-en pour le féliciter généreusement.

Exploitez tout ce qu'il fait de bien de lui-même.

Le jeu

Qu'est-ce que c'est ?

Le jeu est un ensemble de comportements (sauter, aboyer, grogner, remuer la queue, courir...) et de combinaisons de comportements. Cet ensemble complexe nécessite, pour le chien, d'acquérir de multiples compétences sociales, par exemple pour attraper un partenaire de jeu avec la gueule en maîtrisant sa force. La plupart de ces compétences sont acquises avant l'âge de 4 mois. Si vous venez d'adopter un chiot, c'est maintenant ou jamais de bien faire les choses !

Quand il a de bonnes compétences, un chien est capable de jouer avec des animaux d'une espèce différente sans les blesser. Le chien peut aussi jouer très différemment selon les espèces. Certains indices peuvent vous dire si votre chien est capable d'adapter son comportement de jeu avec votre chat. Le risque zéro n'existe pas mais il y a des chiens qui montrent clairement qu'ils ont de bonnes compétences.

Votre chien a de bonnes compétences sociales pour

jouer avec votre chat :

- s'il garde ses distances lorsqu'il initie le jeu

- s'il essaie de jouer uniquement quand votre chat semble d'humeur à jouer (même s'il se trompe parce que votre chat veut jouer tout seul)

- si votre chat n'a pas de comportement de peur ou de menace

- si votre chat s'éloigne calmement ou continue de s'amuser seul quand votre chien se montre joueur

Et s'il a de bonnes compétences quand il joue avec les humains.

Comment votre chien joue-t-il avec vous ? Est-ce qu'il contrôle la force de sa mâchoire quand il vous attrape un bras, un pied, une main ? Fait-il plus attention lorsqu'il joue avec vos enfants ? Tout cela est bon signe. Un chien trop souvent brutal pendant le jeu avec ses humains ne peut pas jouer avec un chat (à moins de pouvoir apprendre). Notez qu'il peut ne jamais mordre fort mais être brutal avec ses pattes. Certains chiens les utilisent beaucoup quand ils jouent.

Lorsqu'un chat repousse un chien et que le chien persiste, il y a un début de quiproquo mais il n'est pas systématiquement utile d'intervenir. Un chat peut faire comprendre à un chien qu'il ne veut pas jouer avec lui sans pour autant le blesser : c'est un bon mode d'apprentissage et en intervenant trop tôt ou excessivement, votre chien ne peut pas améliorer son niveau en « langage chat » !

Ce n'est pas toujours évident à gérer mais, quand votre chien veut jouer, observez bien votre chat, car ses réactions vous aident souvent à savoir s'il faut rappeler votre chien.

Ceci étant dit, un chien ne devrait pas approcher certains chatons et jeunes chats en train de jouer. Faisons une brève parenthèse à ce propos. Chez le chien, on peut assez bien faire la différence entre le jeu et l'agression. Chez le chat, c'est plus difficile puisque... jouer=chasser ! Quand ils jouent, les chats peuvent nous paraître agressifs, surtout les chatons et les jeunes chats. C'est normal. Ils se comportent comme à la chasse.

En revanche, ce n'est pas normal que votre chat vous fasse mal. Si cela arrive occasionnellement ou souvent, votre chat a tendance à vous attraper les pieds ou les mains. Encouragez-le à jouer avec des jouets. N'encouragez jamais votre chat à attraper vos mains en faisant des petits mouvements pour l'exciter. Si vous voyez votre chat, qui vous a déjà blessé, se comporter avec votre chien comme il le fait avec vous, détournez immédiatement son attention avec une ficelle ou un jouet qu'il adore.

Les chats passent rapidement d'un état émotionnel à un autre. Votre chat peut se frotter le dos sur un tapis et soudainement bondir sur ce qui est à proximité de lui. Si votre chat a tendance à bondir sur vous et à vous griffer, il est possible qu'il le fasse avec votre chien, à tout moment.

Vous pouvez réduire ce risque en jouant plus souvent avec votre chat (cf. *Comment jouer efficacement avec un chat*) et en apprenant à votre chien curieux à s'éloigner du chat en train de jouer. Si votre chat qui devient adulte est toujours trop agressif dans le jeu, il vaut la peine de consulter un vétérinaire pour vérifier qu'il n'y a pas de cause médicale.

Comment empêcher son chien d'initier le jeu ?

Si vous pensez que votre chien ne devrait pas jouer avec votre chat, essayez d'intervenir quand votre chien n'est pas encore trop excité (en pleine action... c'est trop tard !).

Certains chiens peuvent remuer la queue de plus en plus vite sans se déplacer. Ce signe indique qu'il est encore temps de stopper le comportement de jeu. Votre chien montre une intention et n'a pas encore véritablement agi. En revanche, cela peut être plus difficile de le faire coopérer quand votre chien est déjà incliné avec le derrière en l'air, qu'il s'est levé de là où il était couché pour se rapprocher de votre chat. Vous devez anticiper et, pour y parvenir, observez attentivement les signaux qu'il envoie car il n'y a pas une façon unique de se comporter ; chaque chien est différent.

Le mieux est d'attirer l'attention de votre chien sur vous. Puisqu'il veut jouer, proposez-lui de jouer avec vous. Vous lui apprenez une chose fondamentale : jouer avec vous est beaucoup plus amusant que jouer avec votre chat. Ceci est extrêmement efficace si vous le répétez souvent.

Il est également très utile :

- de ne pas jouer avec votre chien n'importe où dans la maison : je vous conseille de réserver certains endroits ou certaines pièces au jeu et d'autres seront exclusivement réservées à la détente, notamment les endroits que votre chat apprécie ;

- que le chat puisse jouer tranquillement dans une pièce où le chien n'est pas présent mais Morgan saura vous expliquer cela mieux que moi.

« C'est vrai Laetitia, donnez à votre chat un lieu exclusif, une pièce ou une zone sur laquelle le chien ne pénètre jamais. Par exemple, votre chambre peut être ce refuge. Ou dans un petit studio, les trois à quatre grandes étagères fixées au mur de la pièce principale peuvent représenter ce territoire exclusif. Le point commun entre ces étagères, une pièce ou un grenier ? C'est en fait un territoire refuge réservé exclusivement à votre chat. Il y trouve ses propres bonnes odeurs, ses objets (couffin, jouets, gamelles peut-être, etc.) et sa vue panoramique sur son territoire.

Si le chien passe en son absence dans ce lieu réservé, votre chat le saura dès son retour. Si c'est un chat peureux, pas encore habitué à votre chien, il peut perdre confiance en

son refuge et cherchera lui-même un territoire exclusif...
Dehors ? Loin de vous ? Ce n'est pas ce que vous voulez,
n'est-ce pas ? Votre chat a confiance en vous pour que vous
lui trouviez ce territoire exclusif. »

L'ordre « stop »

En complément au rappel ou si le rappel demeure
laborieux, apprenez à votre chien l'ordre « stop ».

« Stop » est un ordre qui arrête le chien lorsqu'il a pris
son élan. Mais vous n'allez pas apprendre cet ordre à votre
chien quand il se met à courir après votre chat ! Vous devez le
lui apprendre en commençant par quelque chose de très facile
et vous allez progresser vers la situation la plus difficile. Vous
pouvez suivre ces étapes :

1. Vous tenez dans votre main un objet qui suscite un
   peu son intérêt. Dans l'autre main, vous avez une
   friandise de récompense. Le chien renifle l'objet mais
   vous le reculez un peu afin d'éviter le contact avec le
   museau et vous récompensez aussitôt. Faites plusieurs
   répétitions jusqu'à ce que votre chien comprenne qu'il
   est récompensé pour ne PAS poser sa truffe sur
   l'objet. Les chiens comprennent vite : peu à peu, vous
   n'avez presque plus besoin de reculer l'objet. Ne
   l'approchez pas de trop près pour l'aider à réussir.
   Pour mieux comprendre cette première étape, vous
   pouvez visionner le début de la vidéo « Apprendre
   pas toucher à son chien » sur OuafMag.com.

2. Reprenez l'entraînement avec un objet un peu plus
   intéressant, tel qu'un jouet. Si votre chien ne résiste
   pas, continuez à vous entraîner avec différents objets
   moins intéressants pour votre chien (stylo, livre, etc.).

3. A force de répéter, votre chien va comprendre ceci :
   quand vous lui présentez un objet, s'il veut sa

récompense, il ne doit pas avancer le museau.

4. Quand votre chien a compris, introduisez le signal vocal « stop » pile au moment où il choisit sciemment de ne pas bouger la tête. Puis récompensez aussitôt à chaque fois.

5. Faites de nombreuses répétitions jusqu'à ce que votre chien comprenne que « stop » signifie « ne pas avancer le museau ».

6. Étape suivante, vous posez le jouet par terre. Entraînez-vous à répéter l'ordre « stop ». Vous savez que votre chien a compris quand il ne bouge pas ou, éventuellement, vous regarde ou regarde autre chose que le jouet.

7. A ce stade, entraînez-vous dans un maximum de situations possibles de la vie quotidienne. N'interdisez pas pour autant à votre chien d'approcher son museau de quoi que ce soit ! Et veillez toujours à faire une progression du plus facile au plus « tentant ». De plus, à cette étape, il ne s'agit que de choses immobiles, inanimées.

8. Si vous obtenez de bons résultats : reprenez vos séances en lançant doucement des jouets par terre en disant « stop », d'abord pas trop loin pour ne pas le tenter de courir après le jouet (évitez les jouets qui roulent pour commencer). Votre chien apprend alors l'ordre « stop » avec des choses en mouvement. Libérez votre créativité pour le faire travailler avec des choses qui bougent, un peu chaque jour.

9. Si vous obtenez de bons résultats, vous commencez à dire « stop » dans la vie quotidienne quand votre chat qui se déplace fait réagir votre chien. Essayez d'anticiper le plus possible pour qu'il vous prête attention. Essayez de le faire d'abord quand votre chat est calme.

10. Pratiquez tous les jours aussi souvent que possible et n'oubliez pas de récompenser votre chien à chaque fois qu'il obéit à « stop ».

Une fois que ce sera bien acquis, vous pourrez progressivement diminuer la récompense : une fois sur 2, une fois sur 3, une fois sur 4, etc. Mais continuez de le féliciter à chaque fois.

L'ordre « reste cool »

Vous pouvez apprendre à votre chien à poser la tête au sol, sur son tapis, son coussin, vos genoux… Reste cool : vous pouvez dire « calme » ou ce que vous voulez mais vous direz toujours la même chose. Vous devrez répéter dans de nombreux endroits différents. Poser la tête par terre est un comportement contraire au fait de menacer. Même si votre chien n'est pas en train de menacer votre chat, vous allez bientôt découvrir que ceci peut vous être utile (cf. *Mettre un chat en confiance face à un chien*).

Vous apprenez à votre chien à faire le contraire de ce qu'il fait naturellement (s'intéresser au chat). Vous avez donc déjà atténué l'émotion qu'il ressent quand il voit votre chat (travail du rappel). Il pourra alors trouver gratifiant de faire ce que vous lui demandez.

Vous allez voir que cet ordre est facile à apprendre. Votre chien doit simplement connaître l'ordre couché et vous devez commencer sans la présence de votre chat.

1. Vous donnez l'ordre couché. Félicitez votre chien.

2. Vous sortez une petite friandise de votre poche et vous attirez votre chien avec pour qu'il baisse la tête.

3. Vous lui donnez la friandise lorsqu'il a baissé la

tête quasiment jusqu'en bas. Pour les toutes premières répétitions, il n'est pas nécessaire qu'il touche le sol de la tête. Montrez-lui que vous êtes content lorsqu'il a baissé la tête tout en récompensant.

4. Votre chien a compris qu'il obtient la friandise lorsqu'il baisse la tête pour suivre le mouvement de votre main. Essayez maintenant de lui faire toucher le sol avec sa tête. Tout en tenant la friandise entre le pouce et le majeur, pointez le sol du doigt avec l'index.

5. La tête de votre chien touche le sol : récompensez.

6. Votre chien a compris qu'il obtient la friandise lorsque sa tête touche le sol. Vous allez répéter cette phase en introduisant l'expression « reste cool » au moment même où votre chien touche le sol avec sa tête.

7. Quand il vous semble que votre chien a bien compris, il n'est plus nécessaire de tenir la friandise dans la main. Vous utilisez uniquement votre index et vous dites « reste cool» quand sa tête touche le sol. Vous récompensez immédiatement.

8. Maintenant que votre chien a bien compris que reste cool avec le geste du doigt signifie « touche le sol avec ta tête », augmentez très progressivement le laps de temps avant de récompenser. D'abord une petite seconde, puis deux secondes, etc. Garder l'index posé sur le sol peut vous aider. Faites des répétitions jusqu'à pouvoir retirer votre index du sol et récompenser après 10 secondes.

9. Répétez « reste cool» à plusieurs endroits sans la

présence du chat.

10. Quand cela fonctionne bien à plusieurs endroits sans la présence du chat, répétez l'ordre « reste cool » dans un endroit où votre chien ne réagit que très faiblement à la présence de votre chat. Mettez votre chien en situation de réussite pour les premiers entraînements puis progressivement, entraînez-vous dans des endroits où votre chien est plus réactif au chat.

Lorsque vous obtenez de bons résultats, peu à peu, vous récompensez une fois sur 2, sur 3, sur 4 etc. mais vous félicitez à chaque fois.

Gardez à l'esprit ces paramètres importants pour mettre votre chien en situation de réussite :

- la distance qui le sépare du chat : plus elle est grande, plus c'est facile pour votre chien de vous obéir.

- le fait que votre chat soit lui-même calme et détendu (le mouvement déclenche les chiens).

2) Diminuer les risques d'agression du chien

Laetitia vous propose à présent d'explorer d'autres aspects du comportement du chien pour favoriser la paix avec votre chat. Contrairement à une idée reçue, le chien déteste se battre car s'il se bat, il met sa vie en danger. En fait, le chien passe sa vie à éviter les bagarres. Pour cela, il dispose d'un système très complexe de signaux visuels. Les plus fréquents sont appelés signaux d'apaisement. Ils sont destinés à maintenir la paix, comme pour dire « je suis inoffensif ». Ils sont très nombreux et il en existe de plusieurs sortes.

D'une manière générale, certains signaux d'apaisement consistent à se faire discret, par exemple, quand un chien baisse un peu la tête. Dans ce cas, il est potentiellement plus facile d'obtenir la coopération d'un chien. Les autres signaux d'apaisement sont « actifs ». Ils vont physiquement vers le récepteur du message. Par exemple, un chien qui lèche un chat peut lui dire « je ne veux pas de conflit entre nous ».

Mais souvenez-vous toujours de ceci : la signification de ces comportements varie selon les contextes. Un chien peut très bien lécher un chat simplement parce que les animaux sont détendus et qu'ils partagent un bon moment !

Quand il y a un conflit quelconque, les chiens peuvent envoyer des signaux :

- d'apaisement (tu n'as rien à craindre de moi)

- ou de défense

- ou de menace ;

- les deux autres types de signaux pour gérer un conflit sont la fuite et l'attaque.

Quand il n'y a pas de conflit, les chiens envoient quand même des signaux :

- des signaux de coopération

- ou des signaux destinés à couper le contact sensoriel, comme tourner la tête pour regarder ailleurs ou renifler le sol : « je ne veux pas te voir/je ne veux pas te sentir ».

Mieux connaître les différents signaux visuels du chien est important pour favoriser l'entente entre vos animaux ; c'est pourquoi je les aborde brièvement.

La garde

Quand un chien semble « protéger » un endroit, un objet et parfois un être vivant, il envoie des signaux de menace. De faible intensité, il peut s'agir de redresser les oreilles et la tête, par exemple, quand un chat s'approche de lui alors qu'il est en train de ronger son os préféré. De plus forte intensité, il s'agit souvent de grognements. Quand un chien veut être encore plus intimidant dans ce contexte précis, il peut par exemple grogner en montrant les dents.

Que faire ?

Prévenir. Il ne faut pas attendre qu'un chien envoie des signaux de menace pour « protéger » un lieu, un objet ou un être vivant. Pour cela, il faut récompenser systématiquement les signaux de coopération.

Les signaux de coopération sont très différents des signaux d'apaisement. Il n'y a aucun conflit, je vous le rappelle, quand on les observe. Le chien est calme, détendu, ne fait rien de spécial a priori. Il envoie pourtant des signaux très importants que vous devez à tout prix encourager. C'est ce qui s'appelle faire de la prévention de risques ! Je vous le conseille car le chien est un animal qui peut développer des comportements d'agression motivés simplement par la peur de perdre ce qui lui vaut gratification.

Une bonne prévention des risques consiste également à :

- Donner son jouet à votre chien sans le tenter de le protéger : il vaut mieux donner ses jouets à un chien quand le chat n'est pas là, en tout cas, pendant la période d'adaptation ! Vous évitez ainsi que votre chien se mette à garder un os, une peluche, etc. Ce n'est pas une fatalité mais c'est un comportement possible alors, prenez les devants !

- Ne jamais reprendre un jouet ou un quelconque objet à votre chien (même quelque chose qui vous appartient) sans lui proposer auparavant quelque chose de mieux.

- Séparer les lieux d'activités essentielles : le jeu, les repas, le dodo.

Guérir. Modifier un comportement d'agression chez le chien nécessite déjà de savoir que l'agression ne consiste pas à mordre ou grogner. L'agression commence au moindre signal de menace. Il ne faut surtout pas gronder votre chien au risque d'augmenter son agressivité.

Quand les signaux de menace sont faibles (ex : le chien ne redresse que les oreilles et pas la tête) ou que vous observez un signal de menace en même temps que des signaux d'apaisement (ex : grogner faiblement tout en baissant la tête), vous pouvez souvent calmer l'atmosphère. Prenez une intonation enjouée, pouvant générer une émotion plus positive.

Si vous avez l'opportunité de répéter fréquemment, votre chien peut finir par associer votre chat, qui s'approche de sa balle ou de son panier ou autre, à une émotion de joie.

Votre chien n'est alors plus sensible (réactif) à votre chat. Il est « désensibilisé ». Au lieu d'être mal à l'aise, il l'accepte. De lui-même, il montre un autre comportement qui, cette fois-ci, est convenable. Il faudra toujours le féliciter pour montrer ce comportement car de nombreux évènements, majeurs ou banals, peuvent changer la donne à tout moment.

Vous devez faire appel à un professionnel si vous ne constatez aucune amélioration ou si cela s'aggrave car c'est un comportement à ne pas prendre à la légère et il est vraiment difficile à modifier une fois que le chien s'est montré très hostile.

Le quiproquo

Le quiproquo est une mauvaise compréhension mutuelle. Le chien donne des avertissements. Nous l'avons vu, lors d'un conflit, il peut envoyer des signaux d'apaisement, des signaux de menace ou un peu des deux. Lorsque ces signaux ne sont pas exacerbés, il arrive que les chats comprennent et les choses se mettent peu à peu en place de la bonne façon. En effet, de faibles signaux provoquent de faibles réactions dans la majorité des cas. Ni le chat, ni le chien n'envoie d'intenses signaux hostiles.

Par exemple, on dirait que ma chienne Lila n'aime pas quand mon chat Barnabé s'approche du lit alors que je suis en train de la câliner. Elle se contorsionne comme pour voir où il va sauter. Dans ce cas, Barnabé prend soin de sauter tout au bout du lit, loin d'elle. Je n'aime pas quand elle se comporte de cette façon car je crains qu'elle se mette à le repousser. Mais Barnabé ne déguerpit pas à toute vitesse ou ne fait pas le dos rond : ils ont réglé leur différend sans exagération.

A mon avis, il faut intervenir dans les deux cas de figure suivants.

1-Votre chien envoie des signaux disproportionnés.

Prenons un exemple. Votre chien va récupérer son nonos resté sur le canapé où votre chat s'installe et l'emporte dans son panier. Vous n'auriez pas dû laisser traîner le précieux nonos de votre chien ! Mais ce comportement n'est pas ostensiblement hostile. Il croit probablement que le chat va lui prendre son os, mais il ne l'agresse pas. En revanche, si votre chien se raidit dès lors que votre chat entre dans une pièce à quelques mètres de lui, cette fois-ci, sa réaction est inappropriée au contexte. Il n'y pas de grand danger et pourtant, la réaction est forte.

Notez que c'est difficile à évaluer parce que cela dépend en partie de notre perception personnelle de ce qui est agressif ou pas.

Toutefois, si vous avez de gros ennuis, il est possible que votre perception de l'agressivité soit biaisée. Agresser n'est pas grogner. Cela commence dès lors qu'un chien envoie un signal de menace et cela peut être un comportement tel que se relever tout à coup en voyant un chat entrer dans une pièce. Lorsque l'on rate un trop grand nombre de ces signaux, du jour au lendemain, un chien agresse et c'est une surprise totale mais il y a eu une escalade. Il y en a toujours une ; le problème est que nous ne voyons pas tout.

Une fois qu'il a menacé, il est trop tard pour essayer de lui faire comprendre quoi que ce soit. Si vous grondez votre chien, vous allez aggraver les choses. Vous ajoutez une émotion négative à une émotion déjà négative. Contentez-vous d'assurer la sécurité de vos animaux. Ce n'est pas le moment d'essayer de faire un quelconque apprentissage.

Si un problème se manifeste dans un coin du salon, travaillez dans un autre endroit du salon voire une autre pièce. Vous vous entraînez toujours dans un endroit où vous n'avez jamais observé de signal de menace envers votre chat. Vous mettez alors votre chien en situation de réussite. Vous entraîner à quoi ? Au rappel, au stop, au reste cool…à vous de voir ce que votre chien pourrait le mieux exécuter. En outre, toute bonne réaction sera récompensée afin que votre chien comprenne que… oui, c'est exactement la réaction qui convient ! Je le répète : profitez au maximum de ce que votre chien fait de bien, de lui-même.

Si vous n'observez aucun comportement hostile à une certaine distance, cette distance est une bonne situation d'entraînement, indépendamment de l'endroit où se produit l'agression.

2-Votre chien est irréprochable mais votre chat lui envoie des signaux exagérés.

Par exemple, ma chienne Lila est en train de dormir sur son coussin, affalée de tout son long et vous l'entendez même ronfler. Parfois, mon chat William entre dans la pièce et passe devant elle en la fixant constamment : il a l'air terrifié alors qu'elle est profondément endormie.

Il y a 2 possibilités pour ce type de situation :

- votre chat ne comprend pas les signaux envoyés par votre chien et dans ce cas, il faut suivre les conseils que Morgan vous donne tout au long de ce livre pour tenter de l'apaiser !

- vous ne voyez pas les signaux que votre chien envoie et il faut apprendre à faire la différence entre la coopération, les signaux d'apaisement, les signaux de menace et les signaux de défense. Ceci demande de nombreuses heures d'observation et de disposer de bonnes informations à propos du langage du chien qui, comme chez les humains, varie selon les individus. Mon livre *La Méthode Bon Chien* peut vous aider à affûter vos observations.

Quand un chien et un chat interagissent, il est important de comprendre que le quiproquo peut se produire de différentes façons. En effet, quand votre chat et votre chien sont en train de communiquer, il y a envoi de signaux, réception de signaux, réponse aux signaux : le quiproquo peut se produire à chacune de ces étapes !

Repérez bien à quelle étape le quiproquo se produit, c'est plus facile d'y remédier.

Par exemple, quand ma chienne dort et que mon chat William paraît effrayé, je pense qu'il fait une mauvaise lecture des signaux canins : le quiproquo commence à la réception des signaux. Et quand ma chienne se contorsionne pour voir mon chat Barnabé sauter sur le lit, je pense que c'est elle qui, cette fois-ci, interprète de travers les signaux du chat (qui ne souhaite que se coucher sur le lit).

Je crois que c'est extrêmement important d'analyser chaque situation sous tension en essayant de ne pas interpréter les intentions des animaux avec nos yeux d'humains. C'est ce qui m'a personnellement permis, en grande partie, de faire cohabiter les miens.

Les relations ont commencé à s'améliorer lorsque j'ai mieux compris d'où venaient les quiproquos : j'ai su, de mieux en mieux, quand intervenir ou pas.

L'agression redirigée

La peur ou la frustration peut provoquer, chez les animaux, ce que l'on appelle l'agression redirigée. Si un chien et un chat sont à côté l'un de l'autre derrière une fenêtre en train d'observer un petit oiseau, le chat comme le chien peut avoir envie d'attraper l'oiseau. Très frustré, le chien ou le chat peut alors rediriger son agression (instinct de poursuite envers l'oiseau) sur l'être vivant qui se trouve à côté de lui.

Autre exemple. Imaginez un chien et un chat couchés l'un à côté de l'autre. Un pétard explose soudainement dans votre quartier ou une étagère pleine de livres s'écroule dans votre salon. Le chat comme le chien peut avoir très peur et rediriger son agression (besoin de se défendre ou simplement un pic de stress à décharger) sur l'être vivant juste à côté de lui.

Ce comportement d'agression est relativement rare. Si vous l'observez chez votre chien, tournez-vous vers un bon professionnel sans attendre car c'est un comportement extrêmement dangereux, pour vous et vos proches aussi. L'agression redirigée est l'un des comportements d'agression les plus dangereux.

Pour les chats, le livre *Recettes pour chats agressifs* de Morgan vous guidera.

La proximité intolérable

Beaucoup de chiens très réactifs aux chats de l'extérieur peuvent apprendre à bien se comporter avec le vôtre. Néanmoins, à la maison, trop de proximité demeure intolérable. Ils vivent en paix 90% du temps mais, par moments, la tension est palpable chez le chien alors que le chat est détendu. C'est le cas de plusieurs chiens que je connais, y compris ma chienne.

Mon chat Barnabé s'approche souvent de ma chienne Lila. La plupart du temps, quand il est vraiment très près (de sa face, un endroit sensible), elle tourne la tête et il s'éloigne. Souvenez-vous qu'il s'agit de couper tout contact sensoriel. Mais parfois, les babines de Lila se mettent à trembloter.

Que faire quand votre chien paraît si mal à l'aise ? Que faire quand les signaux du chien paraissent disproportionnés et qu'il n'est pas possible de le rappeler ? Il est déjà tout près de vous ou bien vous avez peur qu'en intervenant, tout parte en vrille.

Au tout début, mon chat Barnabé ne pouvait pas s'approcher de ma chienne de plusieurs mètres. Aujourd'hui, ils peuvent se coucher l'un à côté de l'autre. J'ai principalement fait 2 choses.

Les voici :

1. **ignorer son chien** : cela permet de banaliser certaines situations. Un chien peut apprendre, uniquement grâce à ce que fait un chat, qu'il n'y a pas de raison de s'emballer. Il faut rester très vigilant pour vérifier que cela ne s'aggrave pas. Par exemple, ma chienne a longtemps pris de la distance quand mon chat Barnabé montait sur le canapé alors qu'elle s'y était installée. Je n'ai jamais rien dit dans cette situation précise. Pendant un temps, elle descendait du canapé. Plus tard, elle allait se coucher à l'autre bout. Après quelques mois, elle relevait la tête pour voir où il se couchait. Aujourd'hui, elle continue de ronfler sans même ouvrir un œil. C'est Barnabé qui lui a appris qu'il n'y a pas à s'emballer parce qu'il monte sur le canapé pour dormir. Si j'étais intervenue, je n'aurais pas pu le lui apprendre aussi bien. Je lui aurais même sans doute appris que cet évènement, au lieu d'être banal, revêtait une certaine importance (puisqu'il nécessite mon attention). Dans cet exemple, ma chienne ne montrait pas d'hostilité. Quand un chien se montre hostile, ignorer est généralement une mauvaise idée.

2. **créer une diversion** : nous l'avons vu, quand les signaux de menace sont faibles, créer une diversion peut générer une émotion de joie chez votre chien. Cette diversion va peu à peu remplacer l'émotion négative qu'il ressent. Vous pouvez l'inviter à jouer, l'appeler pour une caresse ou pour partir en promenade ou simplement vous mettre à parler avec une voix enjouée. Ne menacez pas un chien qui menace. Quand ma chienne a les babines qui tremblotent, soit je me place entre elle et Barnabé et je me mets à dire n'importe quoi (oh le gentil toutou et le gentil minou) et c'est fini ; soit j'ouvre le placard à friandises et c'est fini aussi puisqu'elle vient voir si je

sors ses bonbons ou simplement de la vaisselle. Lorsque les signaux sont trop forts, vous ne pouvez plus modifier aussi facilement l'émotion de votre chien car elle est intense. Je vous conseille de vous adresser à un professionnel car cela risque fort d'empirer.

Les « tentations » permanentes

Votre chien est peut-être tenté en permanence d'attraper votre chat et vous avez des ennuis à cause de choses toutes bêtes : la configuration des lieux ou une habitude de la famille. Il faut tout faire pour limiter les opportunités qu'a le chien de mal se comporter parce que plus il a d'occasions de le faire, plus il apprend de lui-même que c'est bien de le faire - cela lui permet d'atteindre son but, quel qu'il soit. Je vous rappelle que vous êtes aux prises avec un instinct, une pulsion, quelque chose qu'on ne change pas si facilement. Ayez le réflexe de vous demander ce que vous pouvez changer à la maison.

Quand un chien a un comportement, n'importe quel comportement, il y a souvent plusieurs causes possibles. Mais vous devez toujours vous poser cette question avant toutes les autres : est-ce qu'il n'a pas ce comportement simplement parce que la configuration des lieux ou une habitude de la famille le lui permet ?

Pendant quelques semaines après notre dernier emménagement, lorsque ma chienne Lila se couchait au bout du canapé, du côté de la fenêtre, j'ai eu plusieurs énormes frayeurs. Mon chat Barnabé entrait par la fenêtre et sautait sur le dossier du canapé juste au-dessus de ma chienne. Elle avait alors ce mouvement brusque en ouvrant la gueule, comme si elle voulait l'attraper. Il s'agit de cet instinct de poursuite qui se réveille subitement parce que la tentation est trop forte.

J'ai changé le canapé de place. Barnabé ne pouvait plus

sauter par-dessus Lila lorsqu'il revenait du jardin. Elle n'a plus jamais montré ce comportement avec lui.

Autre exemple. Une des clientes de mon site OuafMag me dit que son chien se précipite sur son chat tous les matins quand elle le sort, à 6 h 30. Elle n'a pas beaucoup de temps car elle doit partir travailler à 7 h. Ils sortent par le garage. C'est tout un cirque pour traverser le garage et atteindre la rue parce que le chat est là, juste derrière la porte entre le garage et la cuisine. Il est là parce que le mari de ma cliente, parti au travail à 6 h, fait entrer le chat (qui préfère passer la nuit dehors sauf en hiver) dans le garage où se trouvent ses gamelles de croquettes et d'eau.

Je leur ai dit de mettre les gamelles sous la pergola, de l'autre côté de la maison. Maintenant, quand elle sort son chien le matin, le chat de ma cliente n'est plus dans le garage. Il n'est plus obligé de venir se nourrir là où il va rencontrer le chien (ce qui, forcément, le stressait et ce chat était devenu angoissé, m'a-t-elle dit) et le chien n'est plus tenté. Désormais, on peut envisager de travailler pour améliorer la situation.

Ce sont des choses vraiment toutes simples mais souvent, nous n'y pensons pas parce que nous sommes focalisés sur le fait que le chien a un problème. N'ayez pas le réflexe de vous demander quel est le problème de votre chien. Il s'avère que votre chien n'a pas de problème.

3) Mettre un chat en confiance face à un chien

C'est toujours une question primordiale pour une bonne cohabitation entre chien et chat. Pour vous aider à rassurer un chat à l'arrivée d'un chien ou à installer un chaton amené à cohabiter avec un chien, Morgan vous raconte l'histoire de Caroline.

L'histoire de Caroline, ses chats et son nouveau chien

Caroline a deux chats qui s'entendent à merveille. Heden est une chatte de 2 ans au caractère très sociable. Figaro a 4 ans et s'avère être de nature anxieuse, s'enfuyant au moindre signe d'inquiétude.

Depuis quelques temps, Caroline rêvait d'adopter un chien. Elle s'est finalement décidée en se rendant dans un refuge de la SPA proche de chez elle. Après avoir hésité sur la manière de choisir un des nombreux pensionnaires du refuge, elle jette son dévolu sur un petit chien tout blanc.

Revenant du refuge, Caroline ramène à la maison un croisé Coton de Tuléar d'un an et demi. Il s'appelle Blanco. Dès son arrivée, Blanco a provoqué la colère et la peur des deux chats. Comme on pouvait s'y attendre, tous deux ont feulé, miaulé fort et fui la maison. Heden, au caractère doux, est revenue d'elle même dans le garage mais Figaro, l'angoissé de la bande, a détalé chez les voisins.

Caroline a donc dû se rendre chez ses voisins et leur a avoué qu'elle était confuse que son chat s'impose de cette manière chez eux. Ils ont très bien compris la situation de son pauvre chat Figaro, désemparé et effrayé par l'arrivée de ce chien sur SON territoire.

Caroline me confiait avoir bien lu les articles de laVieDesChats.com. Elle avait compris qu'il fallait définir les territoires des chats mais se posait encore cette question : « Comment puis-je réussir vu que notre chien nous suit partout ? ». En effet, Blanco est « pot de colle » selon Caroline.

Laetitia me confirme que c'est fréquent chez le chien adopté. Dans son livre *La Méthode Bon Chien*, elle décrit des exercices pratiques pour apprendre à votre chien à ne plus vous suivre partout. Ce comportement n'est pas l'expression d'un amour débordant d'adoration. C'est une forme de stress, il ne faut pas laisser la situation s'éterniser.

Le cas de Caroline est représentatif du chat déjà installé au moment de l'arrivée d'un chien ; son chat Figaro est terrifié et envisage donc l'exil de son propre territoire. Que feriez-vous dans une telle situation ?

Comment rapprocher notre chat du chien qui vient d'arriver ?

D'une manière générale, nos chats craignent l'arrivée d'un chien sur leur territoire, nous allons tenter de comprendre pourquoi. Je vais vous guider aussi pour garantir la sécurité à laquelle aspire notre matou. Il existe quelques principes et astuces qui vont nous conduire à aménager les espaces et, d'une pierre deux coups, rassurer et rapprocher nos fidèles compagnons. Et s'ils devenaient amis ?! Caressons ce doux espoir et lançons-nous dans cette chouette entreprise. Le chien de Caroline semble si peu attiré par ses chats.

Par nature, le chat craint le chien car, à ses yeux, il est un prédateur. Hormis certains chatons ouverts à de nouvelles rencontres (car très bien stimulés entre la 4° et 9° semaine au contact d'autres animaux que leurs congénères), nos chats ont un réflexe de fuite ou d'attaque éclair face à un chien. L'attaque éclair n'est pas, dans ce genre de situation, un acte de bravoure mais le moyen de gagner une seconde ou deux en attaquant par surprise le chien et garantir sa fuite après ce coup de patte fulgurant.

Les zones de sécurité du chat

Apprenez à votre chien à respecter absolument une zone de votre logement (cf. *Apprenez à votre chien à respecter l'espace privé de votre chat*) dédiée exclusivement à votre chat : une pièce entière ou un petit espace dans le salon par exemple, un arbre à chats, son couffin près du radiateur, etc. Une fois que votre chien respecte cette zone dédiée à votre chat, il s'agit ensuite de rassurer votre chat sur l'intégrité de sa Zone n°1. Comment peut-il retrouver sa pleine confiance dans la zone la plus importante de son territoire ?

Dans mon livre *Recettes pour deux chats heureux... ou comment réussir leur cohabitation*, je vous explique ce que sont ces trois Zones à priorité croissante.

- Zone 3 : campagne ou rues environnantes les plus éloignées de votre logement, votre chat s'y promène mais sait qu'il peut rencontrer un danger à tout moment, il est aux aguets plus que jamais. Les chats d'appartement n'ont pas de zone 3 (sauf balcon ou pallier extérieur s'ils ont le droit d'y aller).

- Zone 2 : terrain de promenades quasi quotidiennes autour de votre logement ou l'ensemble des pièces pour votre chat d'appartement ; il connaît par cœur chaque centimètre de la Zone 2.

- Zone 1 : c'est la plus importante des zones dans laquelle votre chat peut dormir sur ses deux oreilles sans craindre une visite impromptue ou une incursion surprise d'un chien. C'est, par exemple, son arbre à chats sur lequel il est haut perché ou son étagère fixée en haut de la fenêtre sur laquelle il se prélasse lors des grandes siestes de début d'après-midi.

Sans la garantie d'une zone 1, votre chat ne se sent plus en sécurité chez vous et croit ne plus avoir d'autre choix que de déménager. Figaro s'est senti désemparé quand il a compris que sa Zone 1 était sous la menace directe de son prédateur : le nouveau chien de Caroline. Pour éviter ce problème, vous pouvez appliquer les conseils qui vont suivre.

Approche progressive et répétitive

Après avoir éduqué votre chien pour qu'il évite absolument la « zone du chat », rassurons désormais minou. Dans la majorité des cas que j'ai observés avec les abonnés de laVieDesChats.com, le chat revient de lui-même très progressivement. C'est le cas de la chatte Heden qui fait le premier pas pour revenir afin d'observer de loin ce chien étranger. Sur plusieurs jours ou plusieurs semaines, le retour se fait étape par étape. Dans le cas de Caroline, son deuxième chat Figaro est de nature plus craintive et il faut l'aider à faire ce retour progressif. Soyez sûr(e) du résultat : si vous êtes intimement déterminé à faire revenir votre chat, il va le sentir dans vos intentions, par votre langage corporel. Il adhérera donc à toutes les actions que vous allez entreprendre. Ces actions n'ont qu'un seul objectif : lui redonner confiance sur son territoire. Plus votre chat est craintif, plus vous devrez l'aider dans cette entreprise.

Pour le chat Figaro, Caroline a dû se déplacer chez les voisins pour le ramener dans la seule pièce de la maison dans laquelle il acceptait de rester sans fuite immédiate : le garage. Je peux imaginer que Figaro avait déjà marqué et repéré cet endroit comme sécurisé. Le chien n'avait pas eu le temps d'y laisser d'odeur. Vous savez que l'odeur est un mode de communication primordial chez le chat. Il détecte dans la moindre odeur des informations sur les personnes et animaux des environs.

Une fois que cette étape est franchie, Caroline a aménagé gamelle et litière dans le garage pour rassurer Figaro. Le garage est le point A. Le point B est la zone 1 de Figaro : le dossier du canapé du salon. Comment ramener Figaro du point A au point B ? Par étapes successives, répétitives et progressives.

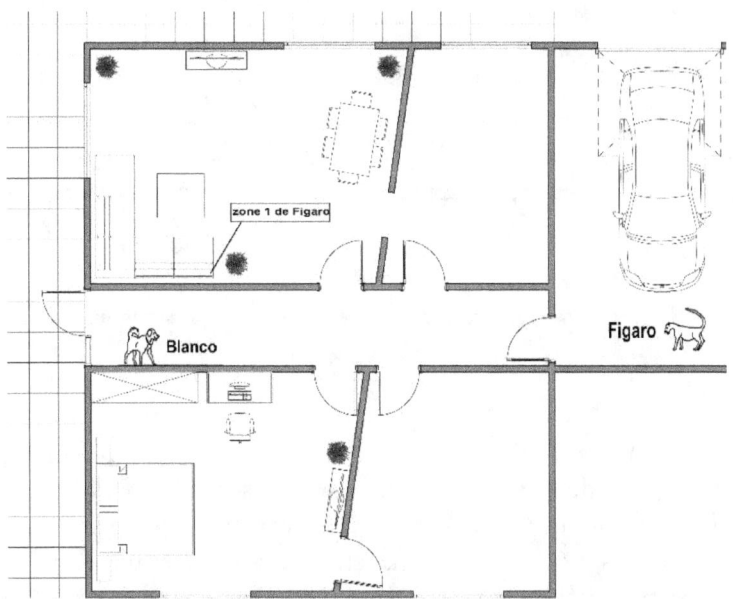

Concrètement, chez Caroline, un long couloir mène de la porte intérieure du garage au salon où Figaro avait élu sa fameuse Zone 1. Caroline a donc dû laisser sur la zone 1 (le dossier du canapé) une petite couverture appartenant à Figaro. Dans le garage, elle a proposé à son chat un couffin à côté de la litière et de la gamelle.

Une étape après l'autre

Deux jours après le retour de Figaro dans le garage, voyant qu'il se sentait plus à l'aise, Caroline a commencé le long chemin de rapprochement. Il consiste très simplement à rapprocher, en plusieurs fois, l'ensemble « couffin – gamelle - litière » de quelques dizaines de centimètres en direction du salon. Le premier déplacement a consisté à amener les objets de Figaro du fond du garage dans l'embrasure de la porte intérieure du garage, cette porte dessert le long couloir.

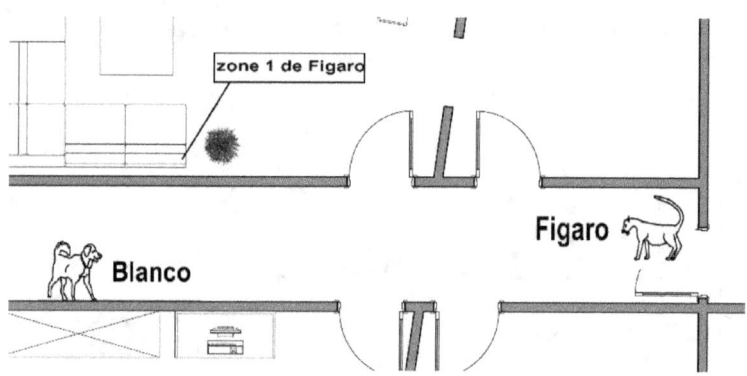

Pour rassurer son chat et l'habituer à cet emplacement, elle a passé de longs moments à le caresser, à lui parler de sa jolie voix douce et enjouée. Avec votre voix, employez les plus hautes notes dont vous êtes capable, comme si vous parliez à un bébé d'une manière un peu gaga, vous voyez ? Le chat est très réceptif aux hautes fréquences de la voix. En revanche, les basses fréquences sont des signes inquiétants (bruit sur le sol d'un danger arrivant à vive allure, orage grondant, etc.). Pendant presque une semaine, elle a répété tous les jours cette manœuvre.

Caroline n'a pas enchaîné avec un autre déplacement car elle sentait Figaro inquiet, les yeux grands ouverts en direction du couloir : il cherchait à détecter le chien. Celui-ci était encouragé à s'allonger au fond du couloir, la tête posée sur ses pattes avant comme sa maîtresse le lui avait appris.

Pour obtenir cette position, Caroline lui a simplement dit « Reste cool ». Laetitia vous explique comment apprendre cet ordre (cf. *L'ordre « Reste cool »*). Cette attitude du chien confirmait à Figaro qu'il ne s'intéressait pas du tout à lui comme à une proie. Si Caroline n'avait pas appris cela à Blanco, celui-ci aurait fixé Figaro en permanence. Ses yeux auraient imploré de l'action et le frémissement de son corps aurait trahi son excitation. Au bout de 6 jours dans son nouvel emplacement à l'entrée du couloir, Caroline a décidé de rapprocher son chat un peu plus.

Elle a installé le couffin de Figaro à la moitié du couloir, à l'endroit où la porte de la chambre de Caroline a pu rester ouverte durant toute l'opération de rapprochement.

Ce fut l'étape la plus délicate et la plus décisive. Parce que Figaro n'apparaissait pas rassuré, j'ai suggéré à Caroline de disposer le couffin en hauteur sur une étagère qu'elle a fait fixer près de la porte.

De plus en plus près du chien

A quelques mètres seulement du chien, Caroline a dû rester aux côtés de Figaro pendant quatre jours pour le rassurer. Il avait envie de déguerpir ; il était si proche du chien désormais. Mais Blanco restait tranquillement allongé.

Le chien de Caroline semblait avoir compris que, pour se faire accepter par ce nouveau camarade très intéressant, il ne fallait pas l'inquiéter d'un regard ou d'un seul mouvement inapproprié. Blanco a été très coopératif, largement récompensé par Caroline.

Le cinquième jour dans ce nouvel emplacement, Caroline a pu s'éloigner, laissant Figaro dans son couffin à l'entrée de la cuisine.

A partir de ce succès qu'il a fallu renforcer pendant 10 jours, la dernière étape dans le salon a été plus évidente. Caroline avait directement installé son chat dans sa Zone 1, le fameux dossier du canapé, du haut duquel Figaro pouvait à loisir surveiller et observer le chien. Blanco avait rapidement appris l'interdiction de s'approcher de cette zone. Il était encouragé à s'allonger uniquement sur le tapis au pied du canapé, à deux mètres du chat.

Forte de cette nouvelle expérience, Caroline a retenu un élément fondamental dans cette approche entre un chat et un chien : le refuge en hauteur. Tant que vous pouvez offrir une position en hauteur que seul votre chat peut atteindre, vous lui offrez une issue de repli absolument indispensable. De là-haut, à 1m50 ou 3m par exemple, votre chat observe tranquillement SON territoire et le chien. Voilà pourquoi Caroline a ajouté une série de petites étagères à différentes hauteurs de l'entrée du salon jusqu'à la Zone 1. Cette installation est désormais familière de Figaro. Il s'est montré de plus en plus détendu dans la maison au fil des semaines qui ont suivi l'arrivée du chien.

En conclusion, la solution

Cela vous rappelle les fameuses « autoroutes à chat » dont je vous parle dans *Recettes pour deux chats heureux … ou comment réussir leur cohabitation*. Le concept est simple : vous analysez sur le plan de votre logement les chemins habituels empruntés par vos animaux. A chaque intersection de ces chemins, offrez à votre chat des positions hautes, voire des chemins en hauteur constitués d'arbres à chats, d'étagères au mur ou simplement en libérant des espaces en haut des meubles. Avec de tels dispositifs, c'est le meilleur moyen de rassurer un chat adulte à l'arrivée d'un chien.

Pour le chaton ou le jeune chat, vous pouvez mettre son couffin sur un lit que votre chien aura appris à ne pas approcher. Une fois que votre chat se déplacera aussi aisément qu'un chat adulte, offrez-lui ces « autoroutes à chats » en hauteur. J'ai déjà vu des arbres à chats et de multiples étagères dans des studios donc ce dispositif peut s'adapter à toute taille de logement.

4) Faire comprendre à votre chat que votre chien n'est pas une menace

Morgan souhaite, dans ce sujet, que vous apportiez à votre chat la garantie qu'il ne sera pas menacé par votre chien.

D'abord un chien « qui sait se tenir »

J'entends par là un chien qui connaît les ordres de base pour se tenir sagement assis à vos pieds quand vous le lui demandez.

Certains chiens sont peu réactifs aux chats et favorisent, avec un moindre travail d'éducation préalable, la relation avec un chat. En revanche, d'autres chiens sont surexcités à la vue de votre chat et peuvent y voir une occasion irrépressible de jouer avec fougue. Ils peuvent demander d'une manière très vigoureuse et bruyante à votre chat de venir jouer.

Ce type de chien va par exemple arriver à toute allure devant le chat, sautiller à deux millimètres du museau du matou, aboyer devant son petit museau et ses vibrisses électrisées.

Dans la tête de votre chat, cela ne ressemble pas du tout à une invitation joyeuse à des activités amusantes et positives. Votre chat voit ce prédateur qui s'agite de manière très inquiétante devant lui. Ce chien, pourtant joyeux, représente pour votre chat une menace immédiate, une menace pour sa vie. Sauf si votre chat est capable d'une maîtrise de fer (j'en ai vu), les félins ont un premier réflexe de fuite pour rejoindre au plus vite une zone de sécurité, s'il y en a une … S'il n'y a pas d'issue, le chat n'aura qu'une seule option : l'attaque ! En général, le chat cherche en une fraction de seconde une hauteur depuis laquelle il pourra surveiller ce chien menaçant et échapper au danger.

Par conséquent, ce livre vous apprend à apporter au chien un minimum de tenue (cf. *Empêcher un chien de se précipiter sur un chat*).

Quand votre chien sait rester assis près de vous à votre demande alors les conditions sont réunies pour commencer le travail d'approche avec votre chat.

Espace d'approche entre votre chat et votre chien

Je vous propose de nous retrouver dans un lieu clos. Le principe est de limiter l'espace de rencontres de manière à ce que le chat voit ou entende en permanence le chien.

Par exemple, j'ai accompagné de telles rencontres dans de petits appartements. Dans un deux-pièces, j'avais laissé les portes ouvertes en grand pour offrir un maximum d'espace au chat.

Même dans un petit studio, il est possible d'organiser le terrain idéal pour organiser les présentations.

Toujours un refuge accessible en hauteur

L'espace que je préfère dans un petit logement est une seule grande pièce disposant d'une installation en hauteur que le chat affectionne. Cette position est hors d'atteinte du chien et représente une zone de sécurité que le chat connaît parfaitement et aime pour sa vue stratégique. Vous pouvez disposer un arbre à chats. Même dans des logements peu volumineux, une telle solution représente une clé de la réussite de la rencontre comme pour la cohabitation quotidienne entre votre chat et votre chien.

De là-haut, votre chat sait qu'il peut faire une sieste sans être inquiété, même en présence de votre chien.

Dans une maison, il est plus facile de choisir un grand espace. Vous pouvez vous retrouver dans une grande pièce à vivre (salon, cuisine, …) que chien et chat connaissent déjà. Dans cette pièce, la zone de sécurité du chat est accessible immédiatement. J'avais suggéré à une abonnée de laVieDesChats.com d'installer au mur du grand salon de sa maison une large étagère confortable. Dans les premières secondes de la rencontre, le chat regardait à la fois son refuge en hauteur et le chien assis calmement à deux mètres de lui. Le chat avait accepté de rester sur une chaise pour s'habituer à la présence du chien pendant près d'un quart d'heure sous la surveillance de sa maîtresse. Le premier cap était passé.

A partir du moment où votre chat est confiant sur les possibilités de fuite et de sécurité alors la mission d'approche est déjà réussie à 50%, félicitations !

Séances au calme

Maintenant que votre chat sait qu'il peut se réfugier en une seconde sur une zone de sécurité, hors d'atteinte de votre chien, vous pouvez inviter votre chien dans la même pièce.

Dans la première phase, il s'agit d'induire dans l'esprit de votre chat qu'il est possible de côtoyer un chien dans la plus grande sérénité. Nos amis félins ont pour goût commun un environnement calme, sans agitation ni excitation frénétique. En dehors des séances de jeux et de chasse, les chats adorent le zen.

Notre premier objectif est donc de faire admettre à votre chat que le chien peut être cool, posé, stable ... J'entends d'ici Laetitia me dire « un chien pré-vi-si-ble » ! Voyez, j'avais prévu cette réaction de ma camarade. Plusieurs mois d'échanges avec mon co-auteur m'ont permis de comprendre ce que l'on peut attendre d'un chien. Rendre un chien plus prévisible est un but à atteindre quand on travaille sur son éducation. Jamais un chien n'est 100% prévisible mais plus il l'est, plus vous avez un chien sociable.

Même si les techniques que je vous propose sur laVieDesChats.com s'adaptent à chaque situation et à chaque personnalité (unique) du chat, les « séances au calme » correspondent à tous les types de caractères.

Comment se déroule une « séance au calme » ?

Dans l'espace de rencontres choisi, votre chien est assis tranquillement à quelques mètres au minimum de votre chat. Si vous ne connaissez pas la distance idéale, votre chat vous le fera comprendre en se postant plus loin que ce que vous aviez prévu. Une fois que vous avez trouvé la bonne distance entre votre chien et votre chat (approuvée par votre félin) alors observez vos animaux. Laetitia conseille également de veiller à ce que votre chien ne soit pas trop près de votre chat car la proximité déclenche fréquemment l'envie de jouer.

Votre chat vérifie que sa zone de sécurité est accessible en un minimum de temps. Une fois rassuré sur l'issue de secours, soit il s'y réfugie tout de suite, soit il concède à rester en place. De là où votre chat aura décidé de se positionner, il observera avec minutie son nouveau compagnon.

Si votre chat affiche une grande peur (exemple : posté près de la porte à miauler avec plaintes longues et poussées), je vous conseille de faire coucher votre chien pour signifier à votre chat la volonté de rencontre pacifique. Même si votre chat n'a pas peur, ordonnez à votre chien de se coucher. Cette astuce signifiera à votre chat : « Tu vois, je montre tous les signes de paix possibles. Je suis calme, je te regarde paisiblement, je suis le plus bas possible. » En effet, un animal s'affirme en se dressant au-dessus d'un adversaire. Le fait de s'abaisser est un signe de coopération.

A ce moment très important et déterminant du travail de présentations entre votre chat et votre chien, que faites-vous ?

Vous surveillez sans vous occuper d'eux

Vous ne leur prêtez aucune attention ouvertement. Vous êtes présent dans le même espace et vous choisissez de poursuivre une activité pendant 20 minutes au minimum. Chez les abonnés que j'ai accompagnés, ils lisaient ou poursuivaient un travail sur ordinateur.

Dans ces séances, vous ne regardez ni votre chat ni votre chien dans les yeux, seulement du coin de l'œil sans qu'ils ne s'en rendent compte. Je compte sur votre habileté et votre discrétion. Chat et chien vous sentent très présent mais constatent que vous ne vous occupez pas d'eux puisque vous ne les fixez pas et ne leur parlez pas. La perception de la situation est différente selon l'animal, le chien se sent surveillé, le chat se sent protégé.

Cette première approche devra se répéter autant de fois que votre chat en aura besoin. Plus votre chat est de nature peureuse, plus cette première phase de « séances au calme » sera longue.

A quel moment cette phase est terminée ?

Il est vrai que le nombre de jours est imprévisible mais

seul le comportement de votre chat vous indiquera des signes de progrès. A la première rencontre lors de la première « séance au calme », retenez bien tous les détails de son attitude. Vous pouvez prendre des notes pour mémoriser le moindre détail.

Exemple de chat traumatisé

Pour Balafre, un chat recueilli à l'âge d'un an chez Séverine, une lectrice parisienne de laViedesChats.com, le cas n'était pas évident. Balafre avait vécu seul pendant quelques mois avant que Séverine ne le trouve dans la rue. Cependant elle emménageait avec son fiancé dans un nouvel appartement où vivait déjà un chien. Ce labrador était, par chance, un excellent candidat à la cohabitation. De nature très calme, il est capable de laisser venir à lui un chat sans l'inquiéter un seul instant. En revanche, Balafre est resté perché sur son arbre à chat dans le salon pendant trois semaines. Câlin, le chien, se morfondait de ne pouvoir le renifler.

Enfin, au bout de ces trois semaines, Balafre a accepté de ne pas monter dans son arbre à chats et est resté sur le canapé près de Câlin qui ne bougeait toujours pas. Séverine était soulagée de constater ce premier petit progrès. Le deuxième point positif est apparu au bout de 10 jours quand Balafre est venu renifler le chien pendant quelques secondes. Câlin n'a pas bougé, il le fixait simplement, toujours sous la surveillance très discrète de Séverine. Balafre est allé ensuite dans la cuisine. La première phase était terminée, le chat affichait sa confiance en Câlin.

5) Un jeune chat et un chien adulte peinent à communiquer

Quand un chien et un chat se découvrent, les animaux ont besoin d'un certain délai pour apprendre à communiquer. Tant que la communication reste difficile entre chat et chien, les quiproquos et bagarres peuvent survenir.

En suivant le cas d'Alyson, Morgan va vous guider dans l'attitude à adopter pour aider un jeune chat et un chien adulte à s'accepter et à vivre ensemble.

Le chat Voyou agresse la chienne Noisette

Dans un appartement en ville au premier étage, Noisette, une chienne de 11 ans de type Pinscher, vit heureuse avec Alyson et sa maman. Un jeune chat âgé de 11 mois vient de débarquer. Il s'appelle Voyou. Les premiers temps sont, comme on pouvait s'y attendre, un peu tendus entre les deux animaux domestiques.

Alyson nous avait décrit la situation en ces termes : « Notre chat attaque toujours notre chienne qui se défend tant qu'elle peut : elle l'a fait tomber puis rouler par terre en le mordillant. Elle lui a arraché une bonne touffe de poils. Mais il recommence à chaque fois. Parfois il lui mord la cuisse et lui saute sur le dos. Elle ne dort plus comme il faut, guettant d'un œil mauvais la porte de la chambre. Nous avons essayé de les séparer. Parfois ils jouent mais c'est rare…».

Laetitia et moi avons posé une série de questions à Alyson pour connaître davantage cette relation entre madame Noisette et le jeune et fougueux Voyou. Nous avons pu, avec l'aide d'Alyson, détailler le comportement de chacun, définir la progression de leurs échanges.

L'apprentissage de la communication

Après analyse de la situation et des réponses très instructives d'Alyson, à Laetitia de commencer.

« J'ai l'impression que Noisette et Voyou font encore connaissance. Aucun d'eux ne blesse l'autre intentionnellement. Je pense que je me focaliserais sur ces moments et ces lieux pour encourager les bons comportements car il y en a.

La difficulté dans votre cas, c'est de les voir. Comme je dis souvent, essayez de ne pas voir seulement les mauvais comportements. Concentrez-vous sur les moments de calme, quand Noisette (ou Voyou) ne fait rien de spécial, c'est un comportement quand même. Pour un animal, cela revient à coopérer. La coopération doit être félicitée, marquée par votre satisfaction que vous exprimez avec la voix. Dites ce qui vous passe par la tête en utilisant une intonation enjouée. En répétant, vos animaux peuvent comprendre qu'ils agissent bien à ces moments précis.

Pour un chat et un chien, communiquer n'est pas facile. Il faut imaginer deux personnes qui ne parlent pas la même langue : il y a beaucoup de quiproquos (cf. *Diminuer les risques d'agressions du chien*). Mais deux personnes qui ne parlent pas la même langue peuvent se comprendre en faisant des gestes et des mimiques.

Cette idée s'applique aux chiens et chats. Repérez les circonstances où ils sont sûrs de « parler de la même chose » ; cela les aidera. Exemple : on est ici pour jouer – on est ici pour dormir.

Je ne pense pas qu'il faille les séparer, à moins que cela ne dégénère nettement et subitement. Il semble qu'il y ait des contextes dans lesquels la communication s'établit même si elle n'est pas 100% claire. Quand la chienne grogne et que le chat l'évite, ce n'est pas beau à voir et c'est stressant, mais cela veut dire qu'ils se comprennent. Elle dit « ne t'approche pas » et il ne s'approche pas.

Intervenir n'est pas toujours souhaitable

Dans ce cas de tension entre les deux animaux, la communication peut, malgré les apparences, se mettre en place au fil du temps. En revanche, si on supprime des occasions de rencontre (surveillée) ou que l'on intervient, cela peut brouiller la communication. Il s'agit donc de bien observer les deux animaux.

En outre, si Noisette avait vraiment voulu, elle aurait déjà pu faire très mal à Voyou. On peut penser alors qu'elle fait la différence entre agression et jeu. Il me semble qu'elle cerne les intentions de Voyou. Attention, Noisette est patiente mais cela ne veut pas dire qu'elle le sera toujours. Elle a d'ailleurs déjà été poussée à s'exprimer plus violemment. Il faut donc lui éviter d'être provoquée plus encore sinon elle serait obligée d'exagérer ses avertissements pour se faire comprendre.

Le chat Voyou fait-il la différence entre « quand on joue / quand on dort » ? Je ne suis pas sûre. Il la fait probablement un peu. Quand il se couche près d'elle, cela indique que le chat a compris que dans certains contextes, il y a peu de risques pour lui.

Donc ce chat ne considère pas Noisette comme une menace à certains moments. Mais en voulant jouer et peut-être tester jusqu'où il peut aller, votre jeune chat prend des risques avec votre chienne. Si vous le voyez essayer de jouer alors que ce n'est pas le moment, dites-lui « Voyou, non ! ». C'est déjà une chance que Noisette le laisse s'approcher si près. Aidons-les un peu.

Repérez les situations dans lesquelles Noisette tolère la présence de Voyou et félicitez-la sans attendre. Dites-lui « supeeer Noisette ! » sur une intonation enjouée systématiquement pour qu'elle comprenne que c'est très bien. Dites-le lui quand Voyou l'embête. Stoppez-le s'il le fait trop brutalement ou quand elle dort profondément et qu'elle ne réagit pas.

Mais en parallèle, je vous invite à gérer l'espace de la maison pour que Noisette puisse continuer à se montrer polie avec Voyou ! Aidez-la, sinon elle peut perdre patience. C'est probablement déjà arrivé d'après ce que vous dites. C'est un chien déjà âgé, elle a le droit de faire sa sieste sans être dérangée par un chat ! Donc, sans fermer la porte à toutes les occasions de les voir bien communiquer, pensez aussi à assurer la tranquillité de Noisette. »

A Morgan de prendre le relais.

Chat et chien posent chacun leurs limites

Mon premier constat : Voyou et Noisette recherchent le meilleur moyen de communiquer, chacun ne sachant pas interpréter un refus de l'autre. Voilà pourquoi, dans ces premiers temps, des coups de griffe ou des grognements et morsure légèrement plus appuyée peuvent survenir.

Ce jeune chat et cette chienne ont une approche classique. Chacun se découvre et apprend progressivement le mode de communication de l'autre, malgré de légers écarts au début. Ces comportements sont fréquents : coup de patte sans griffe, reniflements, coup de museau pour renverser Voyou (les chats sont des gymnastes, pas d'inquiétude), grognements de Noisette quand elle avertit Voyou de ne pas s'approcher trop près, etc.

Ce grognement peut être l'expression de « Ne t'approche pas trop près pour jouer avec moi, je me souviens que la dernière fois, un de tes coups de griffe m'a fait saigner, ne t'avise pas de recommencer ».

Les premiers progrès entre le chat Voyou et la chienne Noisette

Voyou saute au cou de Noisette, c'est sa façon personnelle de jouer. Comme je l'explique sur laVieDesChats.com, les chats jouent comme ils chassent une proie. Mais Voyou va doser, grâce aux avertissements de Noisette de mieux en mieux interprétés au fil du temps, en faisant « patte douce » (griffes rentrées) et sans morsure trop forte.

Par ailleurs, Voyou et Noisette ont déjà un point commun : ils savent chacun très bien exprimer leur besoin d'amour et de reconnaissance. Au refuge, alors que votre premier choix ne les aurait pas désignés, ils ont su chacun, en gémissant pour l'une ou en étant très câlin et familier pour l'autre, vous convaincre et vous prendre par les bons sentiments. C'est en tout cas mon interprétation très personnelle. Voyou et Noisette sont très expressifs, c'est de très bon augure pour leur future entente.

Je vous conseille de jouer beaucoup avec le jeune Voyou car il a un besoin impérieux de « chasser ». Si vous lui donnez suffisamment de quoi chasser alors il sollicitera modérément Noisette qui, à son âge, demande des activités douces ou des jeux très contrôlés.

Il s'agit d'être patient et toujours aussi aimant avec ses compagnons.

6) Quand un chat adulte agresse un jeune chien

Lors de certaines premières rencontres entre un chat adulte et un jeune chien, l'agressivité du chat sur le chien peut vous paraître incompréhensible.

Pour comprendre les raisons de ces agressions permanentes, Morgan vous propose de mieux appréhender le point de vue du chat à l'arrivée du chien.

Vous allez connaître les sentiments et les pensées du chat Salem à l'arrivée du chien Tommy chez Vanessa. Pendant un mois, Salem n'a eu de cesse d'attaquer le jeune bichon maltais. Mais pourquoi ce chat de 4 ans, castré, heureux animal unique dans l'appartement de Vanessa et de sa famille, agresse-t-il en permanence ce chien si calme ? C'est ce que nous allons tenter de comprendre ensemble en entendant les réflexions du chat Salem et en ressentant ses propres émotions de chat.

Moi, Salem, roi de mon territoire de chat, jusqu'à quand ?

Ce matin-là, Salem a déjà connu une première frustration. Dès les premières lueurs du jour, il s'est rendu dans la cuisine, a sauté sur le placard près de la fenêtre pour observer l'extérieur. Pas de chance, il pleuvait sans intermittence. Autant dire que la sortie au grand air sur le balcon s'avérait impossible. Salem s'est donc résigné à s'installer sur son hamac fixé sur la grande fenêtre du salon.

Confortablement installé, Salem suit à distance l'activité de sa maîtresse Vanessa dans l'appartement. Il fait pivoter ses oreilles dans sa direction pour guetter ses allées et venues. Elle vient de fermer la porte d'entrée en saluant d'une voix haut perchée une autre personne qui repart. Elle continue à parler toute seule avec cette excitation perceptible dans la voix, une excitation que Salem ne lui connaissait pas.

Il se passe quelque chose d'inhabituel. Les yeux de Salem s'entrouvrent mais sa tête reste posée sur ses pattes avant.

« Qu'est-ce qui se passe de si formidable pour que ma maîtresse émette cet enthousiasme débordant ? » pense Salem.

Vanessa pose une grosse caisse sur le tapis du salon, à cinq mètres environ de Salem.

« Ah non pas la boîte du vétérinaire ! J'ai horreur des piqûres.»

Vanessa continue à parler à la boîte de sa voix très enjouée.

« Bizarre cette surexcitation, elle ne parlerait pas comme ça si elle devait m'enfermer dans la boîte. La dernière fois, elle était un peu stressée parce que je me suis bien défendu pour ne pas y entrer. Non, c'est autre chose. »

Soudain, la situation bascule

Une alerte olfactive lui fait dresser la tête brutalement.

« C'est quoi ?»

Une forte odeur inconnue le met en émoi. Salem ressent une angoisse qu'il n'avait alors jamais connue dans son appartement. Ce sentiment d'urgence extrême lui fait ouvrir en grand les yeux, dresser en arrière ses oreilles, contracter tous ses muscles. Ses pattes arrières se sont alignées en parallèle. Le buste s'est légèrement dressé. Ses pattes avant se sont tendues aussi. Ce sentiment foudroyant remonte à ses origines ancestrales de félin : la menace d'un prédateur !

Et soudain l'horreur a une image : maîtresse Vanessa ouvre la maudite boîte pour laisser sortir un chien !

« Trahison !! Un prédateur introduit par maîtresse au sein même de notre territoire, de notre zone reconnue comme la plus sûre du monde. Sacrilège ! »

Le monde de ce chat vient de s'écrouler

Si Salem ne peut faire confiance à sa maîtresse pour garantir la sécurité de SON territoire, si ce n'est désormais plus SON territoire, mais alors … ?

« Que vais-je devenir ? »

La déception et la peur mêlées empêchent désormais Salem de raisonner. L'émotion forte et l'effet de surprise transforment ce chat en boule de poils hérissés, prêt à en découdre pour défendre sa vie.

L'esprit de Salem est étouffé par le chaos de ces émotions nouvelles.

« Quelle est cette trahison ? Que dit maîtresse ? M'expliquerait-elle que je dois céder mon territoire à ce prédateur ? Dois-je envisager un abandon sans préavis, sans proposition de négociation ? »

La première réaction du chat face à un prédateur

« Je suis un chat … Un ennemi vient me mettre dehors et je devrais accepter cette agression sans réagir ? »

« Mes attaques devraient faire comprendre à ce chien que c'est MON territoire et qu'on ne m'abandonne pas comme ça ! »

Analyse des impressions du chat Salem à l'arrivée du chien

Vous étiez durant ces dernières secondes dans l'esprit de Salem, vous étiez un chat.

Ce chat d'appartement n'a jamais côtoyé de chien. Alors quand débarque soudainement un chien dans sa zone sécurisée, il affronte une situation de crise.

Avant de vous décrire le programme qui a permis à Vanessa de redonner une sérénité à son chat, notez qu'un point a été décisif sur la territorialité du chat.

Comme tout félin domestique, Salem a besoin d'avoir son coin à lui, un lieu douillet dans lequel il a l'assurance d'être en sécurité et de ne pas être dérangé. J'ai donc suggéré à Vanessa d'affecter à chacun son propre couffin dans deux lieux éloignés l'un de l'autre. Ce point technique a été décisif. Salem, rassuré, s'est calmé et n'a plus attaqué violemment Tommy.

Au bout de quelques semaines, Tommy et Salem dormaient ensemble sur le lit des maîtres ! Le progrès de cohabitation était agréable à voir.

Tommy avait reçu une éducation douce et ludique. *La Méthode Bon Chien* de Laetitia avait permis à Vanessa de comprendre que le chien obéirait à chacun de ses ordres tant que son animal y trouverait du plaisir. Avec un chien si obéissant, Vanessa allait concentrer tous ses efforts sur son chat.

J'ai été touché par les remerciements de Vanessa et sa famille. La famille profite désormais de la paix et de l'harmonie entre Salem et Tommy.

7) Séance de câlins en commun pour calmer un chat et un chien

Le programme qui a aidé Vanessa est inspiré de mon livre *Recette pour chats agressifs … ou comment faciliter les premières rencontres.*

Tous les jours à heure fixe

Vous savez que les chats adorent les habitudes, des habitudes à heure fixe de préférence…

C'est pourquoi nous allons choisir une heure fixe pour les semaines à venir. Par exemple, je vous propose 21 heures, ou tout autre heure à laquelle nous sommes sûrs d'être dégagés de toute obligation. Nous sommes à ce moment-là entièrement disponibles, nous avons même coupé le téléphone pour les premières séances. Nous sommes donc dans d'excellentes dispositions pour apprendre la méthode et sommes concentrés à observer le comportement de nos compagnons.

Quand l'habitude du rituel sera installée au bout de plusieurs jours, quand votre chat réagira positivement au début des séances (son air satisfait quand vous allez l'inviter dans le lieu choisi pour la séance…), l'horaire fixe aura moins d'importance. Ce respect de l'horaire fixe facilite l'opération surtout dans les premiers jours. Si l'horaire fixe vous est impossible, rien de grave, la durée du programme sera un peu allongée. Votre chat retiendra surtout un rituel quotidien. La constance de votre séances est primordiale pour réussir à harmoniser les relations entre vos compagnons.

Un lieu que votre chat aime

Vous allez choisir le lieu, il sera le même pour les séances à venir.

En général, je préconise un lieu que l'animal le plus anxieux aime beaucoup. Dans certains cas entre chats terrorisés et chiens fougueux, une barrière doit séparer les deux protagonistes durant les premières séances.

Je pars du principe que votre chien s'assoit ou s'allonge à votre demande en posant la tête sur ses pattes pour rassurer le chat. La *Méthode Bon Chien* de Laetitia est toute indiquée pour offrir au chien cette éducation nécessaire à la réussite de notre entreprise.

Nous choisissons donc un endroit calme pour y réunir, sous notre surveillance, le chat et le chien. Aucune distraction sonore ou visuelle ne doit perturber la séance.

Dans tous les cas, le chat le plus peureux doit pouvoir se sentir à une distance de sécurité raisonnable. Si l'un des chats n'a pas la distance de sécurité minimum, il vous le fera savoir en tentant de quitter l'espace par tous les moyens.

Les deux animaux en même temps

Dans ce lieu fermé, vous êtes assis. Vous proposez à l'animal le plus anxieux, le plus craintif de l'accueillir dans vos bras, ou sur vos jambes si vous êtes assis en tailleur. Il ne s'agit surtout pas d'obliger un chat à être maintenu contre sa volonté, il pourrait vous blesser en fuyant.

Votre rôle est de rassurer chacun et de demeurer le plus apaisant possible. Les premières séances seront les plus difficiles. Patience !

Durée des séances

Chaque séance doit durer au minimum 15 minutes ... 30 minutes marqueront davantage l'inconscient du chat, nous retiendrons donc la demi-heure comme période idéale.

Ce qu'il faut faire en séance

Concentrez-vous sur votre voix et l'intention que vous lui donnez. Vous respirez calmement, vous avez les gestes assurés et doux. Pendant chaque séance, vous les caressez en même temps ou l'un après l'autre.

Parlez-leur de votre voix la plus douce, la plus câline. Vous dites ce qui vous passe par la tête pour calmer la relation :

« Tu voix mon chat, ce vieux chien n'est pas si méchant, il vit avec nous désormais, nous sommes de la même famille, il va devenir ton copain j'en suis sûr, etc.»

Les mots sont importants pour vous car vous leur donnerez l'intention la plus authentique. Vos animaux ne comprennent évidemment pas les mots mais ils sont sensibles à l'émotion que vous associez à ce moment calme. Ajoutez à chaque séance une friandise à chacun. Sans en abuser, ils retiendront le succulent rituel.

Noter les moindres progrès dans le comportement de vos compagnons

De jour en jour, l'association de l'autre à des moments agréables (les séances) et des sentiments de plus en plus positifs va contribuer à la réussite du rapprochement que vous avez entrepris avec cet ouvrage. Il est important de noter sur un journal de bord les moindres signes dans leur comportement : « Aujourd'hui, pour la première fois, il ne feule plus mais il garde sa mine des mauvais jours. », « Il s'est approché pour la première fois de mon chien, à une bonne distance de quatre mètres, mais le museau en avant, l'air curieux et très intéressé.», etc.

8) L'utilité de couper les griffes d'un chat

Comme dans les toutes premières rencontres, tandis que chat et chien apprennent « sur le tas » le mode de communication de l'autre, une astuce peut éviter des blessures.

Pour limiter les lésions sur le chien, il peut être très utile de couper les griffes du chat. Attention je parle de tailler les griffes, comme nous taillons nos ongles. Il n'est pas question de procéder à une ablation irréversible des griffes du chat, loin de moi cette idée cruelle.

Je dois l'avouer, j'ai changé d'avis sur cette question en me documentant. Avant cette étude, je n'avais personnellement jamais accepté l'idée de couper les griffes d'un chat. A la campagne, j'en fais l'observation depuis des années, un chat ne manque jamais une occasion de choisir un tronc petit ou grand pour se dresser de tout son long et gratter vigoureusement. Mais certains chats ne sortent jamais.

Manipuler les pattes avant de votre chat

Dans le cas où votre chat ne réagit pas mal à ce que vous preniez délicatement entre vos doigts les griffes d'une patte avant, je vous invite à suivre cette manipulation.

Pour que votre chat soit à l'aise, je vous conseille de poser minou sur une table de manière à ce qu'il vous tourne le dos. Il acceptera davantage une manipulation de ses pattes avant si vos mains arrivent par derrière lui. L'enlacer de cette manière vous permet de le maintenir correctement car son premier réflexe, s'il décidait soudainement de se dégager, serait de reculer.

En pinçant avec une extrême douceur le « doigt » d'un chat, la griffe rétractile va apparaître. A la lumière, vous apercevez une zone rosée à la base, vous ne toucherez jamais cette partie constituée de nerfs et de vaisseaux sanguins. A l'extrémité, une zone blanche se termine en pointe acérée. Ce sont les 2 à 4 millimètres de cette pointe qu'il faudra couper avec une pince de coupe de griffe.

Couper les griffes d'un chat comme ceci

Le coupe-ongle peut être utilisé par un pratiquant habitué et un chat très calme mais, comme c'est une première pour vous et votre chat, je préfère une pince dédiée à la coupe de griffes de chat. Un bon outil vous mettra en confiance.

Tenant délicatement la patte en faisant ressortir la griffe, vous coupez d'abord seulement deux millimètres de la griffe. S'il reste encore beaucoup de pointe acérée, coupez un peu encore ou stoppez à ce moment la coupe. Le but est de rendre ses griffes moins offensives en coupant uniquement la pointe de la griffe, pas plus. N'oubliez pas la griffe du « pouce » non plus.

Votre chat se chargera de finir le soin de ses griffes sur le tronc de l'arbre à chats que vous lui avez mis à disposition. Un vétérinaire m'a conseillé de proposer aux chats une section de tronc d'olivier de préférence, pour mieux accrocher la griffe.

Après cette coupe, d'éventuelles blessures sur votre chien peuvent être moins sévères. Vous n'empêcherez jamais un chat de faire ses griffes ; ce n'est pas le but de la coupe des griffes.

9) Apprenez à votre chien à respecter l'espace privé de votre chat

Afin d'aider votre chat à gagner de la confiance dans votre habitat, grâce à sa fameuse zone 1 de sécurité (cf. *Les zones de sécurité du chat*), apprenez à votre chien à ne jamais pénétrer cette zone « sacrée » du chat. En 2 étapes, Laetitia vous montre comment votre chien peut apprendre qu'il est gratifiant de rester en dehors d'une certaine limite.

En effet, ce que votre chien doit comprendre, ce n'est pas que franchir une limite lui vaut des ennuis, des réprimandes, une punition… Il doit apprendre que ne pas franchir une limite lui vaut récompense !

Mettez votre chien en situation de réussite

Ceci est un point fondamental de l'éducation du chien. Pour offrir à votre chien des opportunités de réussir l'apprentissage que nous allons étudier, commencez par apprendre à votre chien à préférer certains endroits de la maison.

a) Dans les foyers où l'on observe quelques tensions entre chiens et chats, il est impératif d'apprendre au chien à avoir sa zone de dodo et de détente bien à lui. C'est un endroit calme, éloigné du passage des uns et des autres et le plus éloigné possible des zones d'activités importantes du chat (la gamelle, la litière, le dodo).

b) Récompensez votre chien quand il se couche sur le tapis au lieu du canapé, sur un coussin au lieu du lit... Ceci est utile pour les petits espaces parce que les risques augmentent avec deux animaux qui veulent toujours se détendre ou dormir aux mêmes endroits. Ils n'ont pas beaucoup d'options et peuvent être tentés de repousser l'autre.

Ma chienne peut monter sur le canapé et le lit parce qu'elle en descend sur ordre. Si vous voulez laisser votre chien monter sur du mobilier confortable, il faut lui apprendre l'ordre « descends » et il n'y aura aucun problème (il ne peut pas penser qu'il est le chef, c'est impossible ; c'est une interprétation humaine dont il faut vous débarrasser). Ma chienne a également appris à apprécier les deux tapis que j'ai placés au pied du lit et au pied du canapé. Quand un de mes chats est sur le lit ou le canapé ou que tout ce petit monde veut monter en même temps au même endroit, elle se couche volontiers par terre. Elle a un autre choix et elle a appris à l'apprécier.

Les chiens et les chats veulent les endroits les plus confortables. Vous ne pouvez pas apprendre à votre chat à se coucher à un endroit spécifique. En revanche, vous pouvez facilement l'apprendre à votre chien, en installant des tapis, coussins… bien douillets au sol. Renforcez le couchage à ces endroits (récompensez quand vous le voyez faire) et vous pouvez limiter les tensions et favoriser l'apprentissage.

L'apprentissage

Apprenez à votre chien à ne pas entrer dans une pièce ou une zone de l'appartement que votre chat occupe souvent. Un chat occupe en général une zone, un espace plutôt qu'une pièce spécifique. Ce sera plus facile si votre chien dispose d'un endroit qu'il a appris à aimer.

Au début de l'apprentissage, évitez de tenter votre chien. Facilitez-lui la tâche s'il est très attiré par le chat : choisissez des moments où votre chat est installé ailleurs que dans la « zone interdite ».

1. A chaque fois que vous voyez votre chien entrer dans la pièce du chat, rappelez-le à vous avec une intonation enjouée en utilisant toujours le même mot puis récompensez-le. N'oubliez pas de prononcer le nom de votre chien avant de donner un ordre. N'utilisez pas le nom de votre chien pour lui dire de faire quelque chose. Dites : « Rex ? Sors ! ». Dites-le comme si vous disiez « Allez pépère/mémère, dehors, dehors ! », et pas comme si vous disiez « Fiche le camp d'ici ! ». Votre chien a le choix entre satisfaire sa curiosité en s'approchant du chat ou venir vers vous pour quelque chose de génial. Si vous le menacez, il a le choix entre satisfaire sa curiosité ou se faire enguirlander : c'est sûr, il préfèrera la première option…

Si nécessaire, pendant les premières répétitions, baissez-vous pour attirer votre chien vers vous ou tapez dans vos mains, montrez-lui sa balle préférée, etc.

S'il s'agit d'une zone et non d'une pièce, prenez un repère visuel pour imaginer une limite. Par exemple, un fauteuil, une chaise, un tapis… Votre chien, lui aussi, est capable de se repérer avec ce type de balises topographiques.

Il faut que ce soit plus intéressant, pour votre chien, de vous rejoindre que d'entrer dans la zone/pièce du chat.

2. Au quotidien, les occasions d'apprendre à respecter la zone privée du chat peuvent être peu nombreuses. N'hésitez pas à faire des répétitions et vous pouvez le faire à différents endroits pour les débuts. Vous pouvez aussi mettre en place des « séances » :

- Entrez dans la pièce en faisant un pas. Si votre chien vous suit, ressortez vite et invitez-le à ressortir aussi en utilisant toujours le même mot. Récompensez. Vous pouvez pointer vos pieds du doigt, remuer la main pour l'inciter à venir ou utiliser un jouet.

- S'il ne vous suit pas dans la pièce, récompensez-le généreusement !

- Essayez d'anticiper le plus possible. Dites « sors » avant qu'il n'ait franchi la limite lorsque vous observez qu'il a l'intention d'entrer dans la zone.

- N'oubliez pas de le récompenser jusqu'à ce que ce soit bien acquis. C'est seulement à ce moment-là que vous commencerez à réduire peu à peu les récompenses.

- L'ordre « pas bouger » peut vous aider. Vous le dites une fois que votre chien est hors de la zone/pièce. Vous vaquez à vos occupations. Puis vous ressortez et votre chien n'a pas bougé. Cet ordre est décrit pas à pas dans mon livre *La Méthode Bon Chien*.

- Personne à la maison ne doit laisser le chien le suivre dans la zone. Tout le monde doit respecter les règles du jeu !

Votre chien a appris quelque chose de très important : c'est super gratifiant de ne pas franchir une certaine limite.

Si vous lui apprenez l'ordre « stop», utile pour faire cesser le comportement de jeu ou un faible instinct de poursuite, vous pouvez aussi l'utiliser lorsque vous voyez votre chien s'approcher trop près de la zone réservée au chat. Félicitez-le dès qu'il s'arrête. N'hésitez pas à exagérer votre joie lorsque votre chien a répondu de façon satisfaisante. N'oubliez jamais de le faire sinon, au fil du temps, il pourrait oublier ce qui est gratifiant et estimer qu'entrer dans la pièce ou dans la zone du chat est plus intéressant que de vous écouter…

10) Gérer les grands espaces de vie

En se basant sur une vingtaine d'histoires de clients ou de proches, Laetitia a le sentiment qu'il y a moins de problèmes entre chats et chiens ou que les problèmes durent moins longtemps, dans les espaces plus petits.

J'ai l'impression que cela se passe moins bien dans les

grandes maisons et mieux dans les petits appartements. Je vais vous expliquer pourquoi.

Avec Morgan, j'ai appris que les chats ont plusieurs zones de sécurité, plus ou moins importantes. Dans un très petit logement, ces zones sont restreintes mais il me semble que l'accès est plus facile. Par exemple, dans un studio, il suffit à un chat de sauter de l'évier de la cuisine à la table, tandis que dans une maison, pour atteindre la cuisine, un chat doit par exemple traverser un couloir ou une autre pièce. Le fait qu'il y ait (peut-être) plus de problèmes dans ce cas, vient sans doute de plusieurs choses.

Dans un studio, votre chat n'a pas beaucoup d'options pour se protéger. Il est toujours au même endroit ou à deux ou trois endroits précis. Si je suis ce que Morgan m'a appris, il est bon que le chat puisse voir ou entendre en permanence le chien. Le chat peut scruter ce qui se passe depuis ces zones de sécurité. Il voit tout son territoire et il sait exactement à quel moment il peut descendre, de la commode ou du rebord de la fenêtre. Pour nous, humains, cela paraît plus angoissant mais pour un chat, n'est-ce pas moins risqué ? Il peut mieux surveiller les allées et venues d'un chien dans un petit espace.

Il n'a pas à s'inquiéter de savoir où est le chien. Vous imaginez la différence qu'il peut y avoir quand il faut prendre un escalier, traverser un couloir ou se faufiler à travers plusieurs pièces avant d'atteindre un endroit qu'on aime bien, en sachant qu'il y a une menace quelque part en chemin ?

Je pense aussi que dans une grande maison, le chat doit se déplacer plus vite (le mouvement déclenche les chiens) et que le chien a la possibilité de courir simplement parce qu'il y a l'espace nécessaire. Egalement, vous n'avez pas le même contrôle des évènements. Dans un petit logement, vous voyez votre chien tout le temps ou presque. Vous avez souvent la possibilité de le rappeler et de le féliciter pour tout comportement satisfaisant, à de plus nombreuses occasions.

Par ailleurs, j'ai constaté plusieurs fois un changement

assez radical après un déménagement pour un logement plus petit. Je l'ai constaté chez un couple de clients qui, installés dans un appartement deux fois plus petit, ont vu leur chien et leur chat s'apaiser « comme par enchantement » en 2 semaines alors que la situation était vraiment très tendue. Je l'ai constaté chez mes propres animaux, en passant de 50 m2 à 18 m2 pendant 6 mois et sans accès à l'extérieur pour mes chats. Mes animaux se connaissaient depuis environ 3 mois et ce n'était alors pas terrible…

Très rapidement, dans ce minuscule studio, je les ai vus (sidérée) dormir tous les trois sur le lit. Ils ont dû s'adapter. Ils n'avaient pas autant d'options qu'avant. En plus, il n'y avait plus de canapé.

La dernière fois que je l'ai constaté, c'était chez une cliente à qui j'ai conseillé de réduire l'espace. Chez cette jeune retraitée qui vit dans une grande villa, un jour le chat coursait le chien dans toute la maison et le lendemain c'était l'inverse. J'ai proposé de circonscrire l'espace de vie à deux pièces (cuisine/salle à manger). Il n'y a plus eu aucune course-poursuite. Au début, le chat se déplaçait lentement sur la table de la salle à manger. Le chien tournait alors autour de la table mais le chat, hors d'atteinte, restait calme et le chien semblait se lasser. Le chat rejoignait une desserte, dans la cuisine, sur laquelle sont posées ses gamelles, dès que le chien était endormi dans son panier. Trois semaines plus tard, ma cliente est entrée dans la salle à manger et a vu son chat couché sur une chaise et son chien couché dans son panier à deux mètres.

Elle m'a dit à propos de son chien : « on dirait qu'il a perdu le goût de le pourchasser ». Je le crois aussi.

Je crois que cela mérite réflexion si vous vivez dans une grande maison. A condition que le chat ait suffisamment de refuges hors d'atteinte du chien, circonscrire l'espace commun peut possiblement les aider.

11)   Que faire quand votre chien et votre chat se battent ?

Vous les avez vus se battre ou presque ou vous suspectez que cela peut se produire. Savez-vous comment réagir en cas de bagarre entre votre chat et votre chien ? Les animaux et les contextes diffèrent et, par conséquent, il n'existe pas de règle universelle pour faire face à n'importe quelle bagarre. Toutefois, nous allons vous donner des conseils pour mieux assurer la sécurité de tous, sans oublier la vôtre.

Être prêt en cas de bagarre

Lorsque la situation paraît tendue, la première chose que vous devez faire est de prévoir un moyen d'intervention qui vous évite de mettre votre sécurité en jeu en paniquant.

Un chat comme un chien peut très gravement blesser une personne lorsqu'elle s'interpose directement. Ils peuvent le faire intentionnellement parce qu'ils se sentent agressés. Ils peuvent aussi vous faire mal sans le vouloir en redirigeant leur agression sur vous. Un chien que vous attrapez par le collier pour l'empêcher d'attaquer un chat peut vous mordre. Un chat peut vous griffer sévèrement si vous essayez de l'extirper d'une bagarre avec un chien.

Vous devez séparer vos animaux sans les toucher car vous prenez un énorme risque en mettant vos mains en pleine bagarre.

Si une altercation avec blessure même minime pour l'un ou l'autre de vos animaux a déjà eu lieu, vous devez les séparer. Vous éviterez ensuite la moindre rencontre jusqu'à ce que vous compreniez ce qui s'est passé. Un peu de sang sur l'un ou l'autre animal indique un risque très élevé d'incident grave la prochaine fois, si vous n'avez pas compris comment assurer une bonne prévention pour les deux protagonistes.

De nombreuses bagarres peuvent être évitées

Dans la majorité des cas, à l'intérieur, ce n'est pas un problème de comportement du chat ou du chien mais un problème de gestion de l'espace de notre part. Les espaces concernés par les bagarres sont couramment les mêmes d'un foyer à l'autre : couloirs, pas-de-porte, pièces encombrées, endroits où les animaux mangent, dorment, font leurs besoins...

Il faut veiller à ce que vos animaux puissent se déplacer librement, éviter que l'un ou l'autre bloque le passage. Le chat et le chien peuvent le faire sans même le vouloir, par exemple en s'asseyant sur un pas de porte pour prendre le soleil et observer les oiseaux dans le jardin.

Faites en sorte également que vos animaux ne soient pas tentés de protéger des lieux ou leurs affaires. Nous le répétons : pour le chat comme le chien, manger, boire, dormir, jouer, faire ses besoins sont des activités de la plus haute importance et pouvoir faire tout cela sans se sentir menacé est primordial.

La sortie de secours

Assurez-vous que votre chat ait toujours accès à une sortie de secours telle qu'une porte, une position haute sur un meuble, un hamac, une étagère ou le sommet d'un arbre à chat. Si votre chien bloque l'accès à cette issue de secours, votre chat sera dans la pire des situations : piégé ! Ses réactions seront alors imprévisibles, très dangereuses et vous devrez intervenir pour permettre à votre chat de s'échapper, ce qui vous fait prendre un risque.

Mettez tout en œuvre pour dégager un espace lui permettant de fuir dans un maximum d'endroits chez vous. Entre une bagarre contre un chien ou la fuite, le chat est assez sage pour choisir l'échappée belle immédiate.

Si votre chien semble menaçant : faites-le venir à vous, quitte à l'attirer avec de la nourriture.

Le vaporisateur

Le vaporisateur est une bonne solution pour intervenir car il permet de pulvériser un liquide en visant précisément sur le museau des animaux. Pulvériser de l'eau sur le dos, par exemple, n'est pas efficace.

Un vaporisateur permet aussi d'atteindre vos animaux à bonne distance. Un seul jet sur le museau pourrait suffire. Nettoyez, avec du liquide vaisselle, un vaporisateur assez puissant comme celui d'un produit à vitres; rincez avec le plus grand soin et remplissez-le d'eau. Gardez-le toujours à portée de main s'il y a des tensions chez vous.

Parfois, pulvériser de l'eau est suffisant mais il peut être nécessaire d'ajouter un peu de jus de citron ou, à défaut, un autre agrume. Les chiens et les chats détestent cela et ont des mouvements de réflexe pour l'éviter. Il est dommage que vos animaux vous associent au fait de recevoir de l'eau sur le museau mais c'est pour leur sécurité et ce n'est pas douloureux. N'utilisez jamais le vaporisateur dans d'autres circonstances que la bagarre.

N'oubliez pas que lorsqu'un chien et un chat se battent, ils sont dans un état de frayeur extrêmement intense. Pour l'un et l'autre, se battre est l'une des pires choses qui puissent arriver. Il ne sert donc strictement à rien de leur faire peur ou mal.

C'est la surprise qui sépare généralement le mieux chien et chat en train de se battre.

Faites du bruit

Nous souhaitons insister sur le fait qu'il ne faut jamais tenter de les séparer à mains nues. Prononcez un NON sonore et ferme ou faites de puissants « Psccchhhhhhhhtt ... » de la bouche.

Martelez le sol fortement avec vos pieds tout en gardant vos distances. Si vous tapez dans vos mains ou avec un objet sur un meuble tout près d'eux, alors vous augmentez vos chances de pouvoir faire fuir votre chat.

Après le bruit, l'arrosage avec un verre d'eau ou une bouteille d'eau est généralement un moyen de séparer deux animaux sans prendre de risque.

Enregistrez bien ces informations car, le jour venu, vous n'aurez pas plus d'une seconde pour décider de l'action à mener pour séparer les animaux.

Utilisez un objet

Tendre un objet est une autre option mais déjà plus délicate. Cela peut inciter certains chiens à mordre dedans. Il faut quelque chose de vraiment long pour que vous ne preniez aucun risque. Le balai est souvent l'objet le plus pratique et sûr que l'on a à la maison. On ne s'en sert jamais pour taper mais uniquement pour que le chien l'attrape.

Utiliser un objet peut être dangereux pour vous car cela peut rendre certains animaux plus agressifs, y compris envers vous, au lieu de les faire s'éloigner. En cas de bagarre très violente que vous ne parvenez pas à stopper rapidement, lancez des objets légers en restant à l'écart, comme des coussins ou des magazines pour ne pas blesser vos animaux.

Des coups de torchon ou de serviette fonctionnent assez souvent mais assurez-vous d'avoir un tissu assez long à portée de main pour ne pas approcher votre main trop près.

Éloignez tout de suite vos animaux l'un de l'autre

En cas de bagarre, l'animal attaqué est en train de défendre sa vie et se retrouve dans un état de stress indescriptible. Il peut continuer à se défendre même lorsque l'autre animal indique avec son corps qu'il ne souhaite plus se battre.

En effet, au quotidien, la communication entre un chat et un chien peut être difficile et pendant une bagarre, le risque de quiproquos est extrêmement élevé.

Ainsi, s'il est rare qu'un chien envoyant des signaux d'apaisement à un autre chien (souvenez-vous que cela signifie « je suis inoffensif »), se fasse à nouveau attaquer lorsqu'ils ont pris un peu de distance, il peut arriver qu'un chat attaque à nouveau le chien avec lequel il s'est battu, alors que celui-ci est en train d'envoyer des signaux visuels indiquant « tu n'as plus rien à craindre de moi ».

Une fois que vous avez stoppé la bagarre, gardez votre calme pour inciter le chien à vous suivre sans crier. Faites-le rapidement s'éloigner du chat même s'il n'exprime aucune menace.

Bagarre ou échauffourée ?

Il y a des bagarres avec intention de blesser et des échauffourées sans blessure. Par exemple, le chien et le chat de Fabienne, une lectrice de OuafMag.com et de

LaVieDesChats.com, se sont agressés à plusieurs reprises. Ils ont tourneboulé et émis des grognements. Pourtant, après ces scènes terriblement impressionnantes, les animaux ne présentaient aucune blessure. Ceci n'est pas dû à la chance. Ils ont tous les deux maîtrisé leur force.

Un chat peut donner des coups de patte à répétition sur le museau d'un chien sans que celui-ci n'ait une seule égratignure. Un chien peut coincer un chat au sol sans le mordre. Volontairement, ils ne se sont pas fait mal. Ceci est très préoccupant pour nous mais les animaux se contrôlent. C'est très différent d'une bagarre provoquant des blessures. Néanmoins, veuillez noter que certains chiens sont moins vite blessés que d'autres. Par exemple, les chiens à poils durs sont mieux protégés contre les égratignures. C'est d'ailleurs le but de cette robe qu'ont certains chiens de chasse. D'autres chiens ont une peau plus fragile. Les blessures sont tout de suite plus graves.

Les accrochages peu violents nécessitent une intervention de notre part même si, parfois, ils s'arrêtent d'eux-mêmes.

Nous déconseillons de laisser des animaux domestiques régler leurs différends par eux-mêmes. S'il n'y a que des querelles et jamais de blessure, nous ne pensons pas qu'il soit absolument nécessaire de ne plus leur permettre de se rencontrer. Une observation attentive pour une meilleure compréhension de ce qui se passe entre vos animaux peut vous aider à faire diminuer ces disputes.

Crier est inutile

Bagarre ou échauffourée, surtout ne criez jamais. Vous ajouteriez de la peur à de la terreur. Gardez votre sang-froid pour pouvoir agir. Votre premier réflexe doit être d'attraper quelque chose et pas d'attraper le chat ou le chien !

Bagarre extrême

Lorsqu'un chien a pris un chat en gueule et ne lâche plus, c'est que le chat est blessé. En effet, tant qu'un chat est capable de se défendre, un chien ne peut pas le saisir. Plusieurs types d'interventions sont possibles. Ne donnez pas de coups de pied à un chien qui ne veut pas lâcher. En une fraction de seconde, il peut se retourner et vous attraper la jambe. Frapper un chien ne doit être envisagé qu'avec un objet ne risquant pas de provoquer des blessures, ouvertes ou internes et c'est le dernier recours (et c'est souvent inefficace surtout avec un chien qui ne lâche plus).

Le moins risqué pour la personne obligée d'intervenir dans ce cas est de placer un manche à balai (ou autre objet suffisamment long pour un minimum de sécurité) contre les babines du chien et de presser contre les crocs. Si vous êtes deux, l'autre personne peut faire de même de l'autre côté de la gueule du chien avec un autre objet assez long pour rester à bonne distance.

Ne le faites jamais avec la main si vous ne voulez pas vous retrouver handicapé à vie.

N'attrapez jamais un chien par le collier ni par les pattes. Vous n'avez pas le temps de lâcher s'il se retourne sur votre main. En désespoir de cause, une autre intervention possible, risquée, mais bien moins que le collier ou les pattes, est de saisir le chien par la peau à l'arrière du crâne, juste entre les oreilles, et de tirer vers le bas, non pas d'un coup sec mais de plus en plus fort. Le chien ne peut pas se tourner pour vous mordre.

Mais soyez rapide, quand vous le lâchez, pour vous éloigner.

Nous connaissons plusieurs personnes qui ont eu des tendons sectionnés et de graves lésions irréparables en intervenant. Nous vous conseillons de toujours privilégier la solution qui vous permet de rester le plus loin possible de la gueule du chien et des crocs et griffes du chat.

Après une bagarre extrême, isolez votre chien ; fermez la porte et appelez les urgences vétérinaires. Ne perdez pas de temps à contrôler votre chat blessé. Vous le ferez après avoir appelé les urgences. Une fois que votre chat est pris en charge, contactez aussitôt un éducateur canin ou éventuellement un comportementaliste pour obtenir un avis. Un vétérinaire a les compétences pour soigner vos animaux, pas pour analyser les évènements.

Dans le cas d'un chat qui agresse et ne veut plus lâcher un chien, Morgan recommande les différents niveaux d'intervention suivants.

En général, un NON ferme et une série de « pscchhhhhhhhhhtt » suffisent à faire détaler un chat trop agressif. S'il fait mine de ne pas vous entendre et continue à griffer votre chien ou à maintenir sa prise (sur la tête par exemple), prenez le balai ou un long torchon. Attention, ne croyez pas qu'un chat, plus petit, vous fera moins mal s'il se retourne contre vous. Cela m'est arrivé avec un chat semi sauvage que je ne connaissais pas. Trop confiant, j'ai voulu rapidement le prendre au cou. Il m'a lacéré la main et l'avant-bras et a filé avant que je n'ai eu le temps de reculer.

La vitesse de réaction m'a sidéré.

Après les interventions vocales, le balai pour pousser le chat, je préconise la couverture. Dans les 10 secondes qui se sont écoulées après les deux premières tentatives, je jette sur le chat cette couverture ou ces deux torchons (pour une épaisseur optimale). Vous n'hésitez pas un instant, la couverture protège votre main en cas de contre-attaque ; vous saisissez fermement le cou du chat et, en deux pas, vous l'emmenez dans la pièce voisine (le couloir ou le jardin au mieux). Vous pourrez alors refermer la porte pour mettre fin à l'incident. Cette action doit être menée avec sang-froid et sans une seule hésitation sinon le chat trop agressif en profitera pour se rebeller.

Après la bagarre

Après une bagarre, il faut un certain temps à votre chat et votre chien pour que le pic hormonal redescende. C'est comme lorsque vous avez une grosse frayeur ou une grosse colère : cela ne passe pas tout de suite. Si quelqu'un vient vous voir aussitôt après, peut-être que vous lui direz « laisse-moi tranquille » ou « j'ai besoin d'être seul(e) » si vous êtes plus délicat(e) !

Vos animaux aussi peuvent exprimer ce genre de choses après une bagarre et s'en prendre à vous alors que vous voulez seulement vérifier que personne n'est blessé.

Sauf en cas de blessure ouverte donc de saignement, il est vivement conseillé d'attendre et de bien observer le comportement de ses animaux que l'on a séparés après la bagarre. Faites sortir le chat dans le jardin, sur le balcon ou dans une autre pièce, avant de procéder à une quelconque inspection sur le corps du chien ou inversement.

Hormis une suspicion de blessure, rien ne justifie que vous touchiez un chat ou un chien qui vient de se battre.

La bagarre est fine

Le mieux que vous puissiez faire après une bagarre, c'est essayer de comprendre ce qui s'est passé pour éviter que cela ne se reproduise. Si vous êtes trop bouleversé, allez prendre l'air et réfléchissez-y quand vous serez plus calme vous-même. C'est choquant et vous avez parfaitement le droit d'être traumatisé !

N'essayez pas de réconforter ou réprimander un animal

qui vient de se battre. Ignorer vos animaux est la meilleure chose à faire. Caresser un animal qui vient de se battre n'a absolument aucune utilité. Gronder ou punir votre chien ou votre chat qui vient de se battre ne sert à rien et peut même lui apprendre qu'il faut non seulement se méfier de l'autre animal mais aussi de vous.

L'esprit de votre chat va être perturbé pendant un certain temps. L'image du chien en plein affrontement va le marquer. Changer l'association entre chien et agression va vous demander des efforts et de la patience. Quant à votre chien, il est complètement chamboulé et n'est pas en mesure d'apprendre quoi que ce soit. Vos compagnons compteront sur vous pour les réconcilier mais pas tout de suite.

Récapitulatif

En cas de bagarre, le seul objectif à garder à l'esprit est de les séparer puis de leur permettre immédiatement de rejoindre des lieux sécurisés.

- AVANT une bagarre. Si vous suspectez une agression imminente, permettez au chat et/ou au chien éventuellement bloqué de s'éloigner en ouvrant une porte ou autre. Sinon, détournez leur attention par le jeu (si la tension n'est pas trop élevée) ou la surprise comme un bruit soudain (objet à terre près d'eux). Avec l'expérience, vous allez anticiper de plus en plus en interprétant l'attitude et le comportement de votre chat et de votre chien. Vous saurez s'il est vraiment nécessaire d'intervenir.

- PENDANT une bagarre. Si une bagarre vient d'éclater, le vaporisateur à eau est souvent l'outil le plus efficace (ou un verre d'eau). Le torchon ou la serviette peuvent vous aider, ou un balai. Les objets que vous tenez dans la main doivent vous permettre de rester suffisamment loin des animaux.

- APRÈS une bagarre. Si, après une bagarre ou après votre absence, vous les découvrez portant des blessures, vous séparez chat et chien totalement. Il faut identifier les causes de l'agression : aménagement des espaces, issues de secours pour votre chat (hamac, étagère, arbre à chat), mauvaise communication (ils viennent juste de se découvrir ou alors vérifiez avec eux qu'ils peuvent passer de longs moments ensemble en paix)... et ne plus les laisser seuls sans surveillance.

Deuxième partie – Comment faire se rencontrer votre chat et votre chien

Dans le cas d'une première rencontre entre un chat et un chien, il n'existe pas de règle unique mais nous allons tout faire pour vous aider à prendre les bonnes décisions. Laetitia vous propose, pour commencer, trois exemples de rencontres pour libérer votre créativité.

1) Trois exemples de rencontres

Avec ces trois exemples, trois aspects primordiaux de la rencontre entre chats et chiens sont mis en lumière :

- prévention

- sécurité

- gestion des lieux

Un chaton arrive après un chien adulte

Les humains : Agnès et Didier, la cinquantaine, sont parents de 2 enfants qui ne vivent plus à la maison. Ils adoptent un chaton et ont déjà un chien adulte. Je les ai aidés dans le cadre d'un coaching personnalisé avec *La Méthode Bon Chien* Premium (OuafMag.com).

Le chat : Rodrigue, chaton de 4 mois, a grandi dans de bonnes conditions chez des particuliers avec une maman équilibrée mais n'a jamais vu de chien. Il est décrit comme doux et pacifique en dépit de sa grande énergie de chaton très joueur. Il est curieux et pas du tout timide.

Le chien : Kenzo est un Staffordshire Bull Terrier (ou « Staffie ») de 4 ans qui a bénéficié d'une excellente éducation. Il est décrit comme expansif et jovial, extrêmement tenace (il paraît donc « têtu» aux yeux des humains) et très actif, mais calme dans la maison.

Le lieu : le couple vit dans une grande maison entourée d'un vaste jardin clôturé.

La décision : il n'a pas fallu de nombreux débats dans le couple pour décider d'isoler le chaton dans le petit salon jouxtant le bureau de Didier car Kenzo est un chien doté d'un très fort instinct de poursuite. C'est une caractéristique souvent importante chez cette race. La porte du salon, vitrée, donne sur un hall distribuant plusieurs pièces. Pour commencer, le couple décide de laisser grandir le chaton de son côté, dans le salon, tout en tentant la proximité régulièrement. L'opération est simple : Agnès tient le chaton dans ses bras tandis que Didier est focalisé sur le chien pour le faire ressortir du salon si nécessaire. Le chien passe beaucoup de temps dans la cuisine qui communique avec un petit couloir clos par une solide barrière le séparant du hall, barrière que Didier va renforcer - c'est un chien très vigoureux. Il n'a jamais fait tomber la barrière par le passé mais Didier préfère être prudent. Kenzo est habitué à rester là toute la matinée jusqu'à ce que Didier revienne travailler l'après-midi dans son bureau.

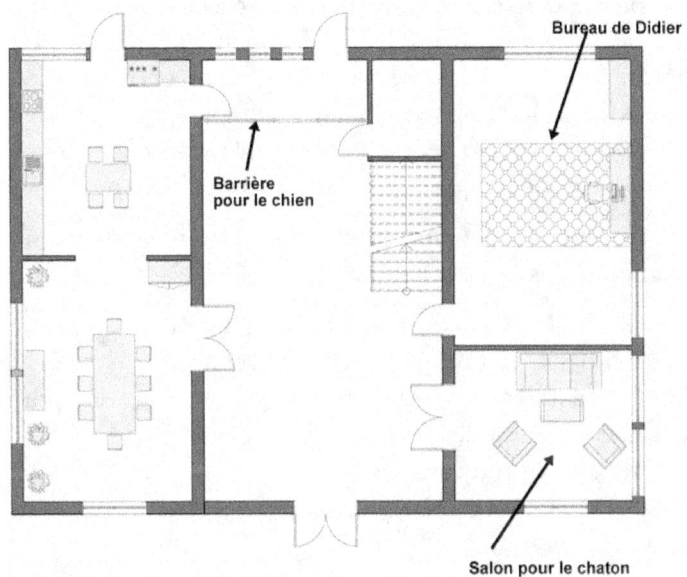

Bureau de Didier

Barrière pour le chien

Salon pour le chaton

Mes conseils : aidés par la configuration de leur maison, Agnès et Didier ont une bonne organisation et ont pris leur décision en toute connaissance de cause. Bravo pour la prévention (renforcer la barrière) et la décision d'être toujours à deux lorsque le chien et le chat sont dans la même pièce. Ceci n'est pourtant pas toujours envisageable ni même souhaitable. Je conseille à Didier de fermer la porte du salon pendant une partie de l'après-midi pour ne pas trop bousculer les habitudes de Kenzo qui fait souvent sa sieste sur un coussin à côté de l'ordinateur de Didier. Je lui dis de ne pas exiger quoi que ce soit du chien et de profiter de tout comportement plaisant pour le récompenser.

Les évènements : lorsque le chien Kenzo voit le chaton Rodrigue pour la première fois, celui-ci est dans les bras d'Agnès qui traverse la maison pour aller dans le salon. Kenzo est extrêmement agité et c'est peu dire. Didier suggère à Agnès de se baisser pour le laisser renifler Rodrigue mais elle a peur et elle va s'enfermer dans le salon. Elle a raison : c'est plutôt dangereux de procéder de cette façon avec un chien aussi agité ! Kenzo est un chien doté d'une grande détermination : il va rester très longtemps derrière la porte vitrée... Dès que la barrière du petit couloir sera ouverte, il va revenir sans arrêt derrière la porte pour tenter d'apercevoir le chaton. Le couple espère que leur chien va s'habituer.

Je leur fais remarquer que cela génère tout de même une grande frustration chez lui.

Dès qu'ils sont tous les deux à la maison, Agnès prend le chaton dans ses bras et Didier reste concentré sur le chien. Celui-ci peut entrer dans le salon, ce qui lui permet notamment de renifler les affaires du chaton. Au début, cela ne dure que quelques secondes. Il entre, il renifle tout, il s'agite, il ressort avec Didier. Peu à peu, ces séances vont se multiplier et la durée va passer de quelques secondes à 3 minutes, jusqu'au moment où Agnès peut s'assoir sur le canapé avec le chaton fermement tenu.

Kenzo est toujours dans un état intense de surexcitation. Je leur déconseille de procéder de cette façon. Mais ils veulent essayer. Alors je rappelle à Didier et Agnès de ne pas essayer d'obtenir quoi que ce soit de leur chien car il lui est impossible de se contrôler dans ces conditions.

Ils persévèrent patiemment en espérant observer un comportement plus calme. Ceci peut fonctionner avec de nombreux chiens mais Kenzo est trop tenté et trop déterminé. Après un mois, le changement constaté par rapport au premier jour est tout à fait mineur. Il est complètement impensable de laisser le chaton libre dans la pièce. De plus, il ne semble pas avoir peur du chien.

Un autre mois passe. Non seulement la proximité avec le chaton fait toujours perdre ses moyens à Kenzo (même s'il semble moins agité) mais en plus, Agnès sent que Rodrigue commence à s'agiter dans ses bras. Elle ne le tient plus du tout avec aisance comme lorsqu'il était tout petit et sent les pointes de ses griffes s'enfoncer dans sa peau.

La suite des événements : Kenzo et Rodrigue ne peuvent pas cohabiter.

Lorsque son chat Rodrigue commence à sortir dans le jardin, Didier prend l'habitude de remplir sa gamelle quand il rentre à midi. Le chat passe une partie de la nuit dehors ou dans le sous-sol de la maison récemment équipé d'une chatière. Quand il rentre, le chien peut sortir. Quand le chien est libre au rez-de-chaussée, le chat est soit enfermé dans le salon, soit dehors avec impossibilité d'entrer dans la maison - sauf par la chatière au sous-sol mais la porte qui mène au rez-de-chaussée est toujours fermée.

Cela fonctionne plutôt bien mais après quelques semaines, Rodrigue ne revient pas toujours le soir.

Contre l'avis d'Agnès, Didier fait quand même sortir le chien. Il maintient que Rodrigue est capable de faire attention. Il a raison : le chat n'est jamais dans les parages quand le chien est dehors. Didier laisse désormais une gamelle pour Rodrigue dans le jardin, hors d'atteinte du chien. Au cours de l'après-midi, il voit parfois son chat sur le rebord de la fenêtre du bureau. Pendant un temps, Didier emmène alors Kenzo dans le couloir fermé par la barrière et laisse entrer Rodrigue.

Il faut près d'un an pour que Kenzo ne soit plus hors de contrôle derrière sa barrière quand il voit passer le chat Rodrigue qui se déplace du bureau à la cuisine (il n'est plus fermé au salon).

Mon avis : le chaton a eu l'occasion de « constater » qu'il ne faut pas s'approcher du chien et c'est bien de lui avoir laissé le temps. C'était un peu risqué dans le jardin mais il était somme toute assez prévisible que Rodrigue ne s'approche pas. C'est une bonne chose d'avoir procédé progressivement pour ce chaton très curieux mais qui, une fois adulte, ne prendra pas de risques.

Didier passe une partie de la journée à la maison à gérer ses deux animaux. Notez que ce genre de situation requiert :

- d'être vigilant en permanence
- de bien communiquer pour se mettre d'accord sur qui laisse quelle porte ouverte, quand, etc.

C'est un choix personnel. C'est une possibilité. Tout le monde ne peut pas le faire. C'est particulièrement risqué quand il y a de jeunes enfants qui peuvent oublier toutes ces règles, laisser une porte fermée, vérifier où est le chien/le chat avant d'ouvrir une porte, etc.

Un chiot arrive chez un chat adulte

L'humain : Vincent, la trentaine, divorcé, papa d'un petit garçon de 5 ans dont il a la garde. Il adopte un chiot, il a déjà un chien adulte et un chat adulte. Je les ai aidés via un suivi sur mesure avec *La Méthode Bon Chien* Premium (OuafMag.com).

Le chat : Bella est une chatte de 6 ans qui ne sort jamais, sauf sur le balcon. Elle a beaucoup de caractère, fait ce qu'elle veut quand elle veut, n'est pas très affectueuse mais n'a jamais été agressive.

Les chiens : Douce est une chienne croisée de 6 ans qui ressemble à un labrador. Elle a grandi avec la chatte Bella et elles cohabitent paisiblement. Gini est un chiot type épagneul tibétain de 2 mois.

Le lieu : Vincent et son fils vivent dans un appartement d'environ 80 m² avec deux chambres.

La décision : contrairement à Agnès et Didier, Vincent ne sait absolument pas comment s'y prendre. En outre, il est le seul adulte du foyer et il est conscient que cela augmente certains risques.

Mes conseils : je conseille à Vincent de faire se rencontrer les chiens Douce et Gini sans la présence de la chatte Bella, ni de l'enfant. Douce est très sociable avec les chiens. La rencontre se passe bien avec le chiot.

Je lui conseille également d'acheter un parc à chiot dotée d'une grille sur le dessus (on en trouve pour une cinquantaine d'euros). Je le préviens que l'éducation et la socialisation de son chiot va lui demander énormément de temps. Il faut, dans sa situation complexe (seul avec deux chiens dont un chiot, un chat et un jeune enfant), prévoir énormément de patience mais aussi s'organiser solidement.

Les évènements : Vincent a enfermé la chatte Bella dans sa chambre puis il a déposé le chiot Gini dans son parc après l'avoir laissé librement explorer sa nouvelle maison. Ensuite, il a ouvert la porte de sa chambre. La minette a très probablement détecté la présence du chiot même sans l'avoir vu. Elle ne sort pas de la chambre. Vincent s'installe dans le canapé, espérant que Bella sorte mais en vain. Alors Vincent se lève et continue son train-train habituel.

Vers 17 heures, la grand-mère ramène le petit garçon à la maison, émerveillé par le chiot qu'il n'avait pas encore vu. Puis Vincent va préparer le dîner.

Ayant pour instruction de ne jamais laisser le petit garçon seul avec les animaux sous aucun prétexte, il l'installe à la table de la cuisine avec pour mission de faire un dessin du chiot pour sa mère. Toutes les 2 minutes, Vincent jette un œil au salon où le chiot s'est endormi dans son parc et toujours pas de Bella à l'horizon. Ce n'est que bien plus tard dans la soirée que Vincent aperçoit Bella sur le pas de la porte la chambre, assise, regardant fixement le chiot. Quant à la chienne Douce, elle fait sa vie sans trop se préoccuper du chiot même si elle apprécie de le renifler à travers la grille.

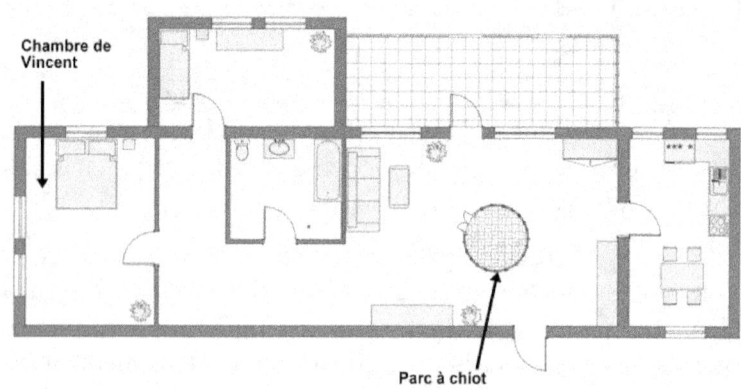

La suite des événements : La chatte Bella finit par déambuler dans le salon à l'heure où Vincent doit aller dormir.

Il va veiller tard pour observer ce qui se passe. La chatte est d'abord prudente mais s'approche assez rapidement du parc. Le chiot, dont on ignore s'il a grandi avec des chats ou pas, semble calme même s'il se montre très curieux. Bella tend son museau pour le renifler puis elle feule en hérissant les poils. Lorsque Vincent doit sortir son chiot Gini pour faire ses besoins, il enferme à nouveau Bella dans sa chambre. En revenant de chaque promenade, il remet Gini dans son parc et rouvre la porte de la chambre.

Il va se coucher en laissant la porte de la chambre ouverte.

Le lendemain matin, lorsqu'il sort son chiot, il n'enferme plus Bella dans la chambre. Celle-ci se tient à l'écart sur une étagère de la bibliothèque, assise et apparemment calme. Au retour de la petite sortie, Vincent décide cette fois de poser le chiot par terre, hors du parc. Celui-ci avance vers Bella qui fait le dos rond mais ne feule pas.

Pendant 2 ou 3 semaines, Bella est toujours quelque part en hauteur quand le chiot n'est pas dans son parc. Le chiot est récompensé avec une friandise quand il ne s'approche pas de Bella présente dans le salon. Il l'est également lorsqu'il revient vers Vincent qui l'appelle alors qu'il s'en approchait. Enfin, Vincent récompense son chiot systématiquement à chaque qu'il se montre calme dans son parc alors que la chatte vient le renifler.

Un jour, Vincent regarde la télévision et voit Bella entrer dans le salon alors que Gini n'est pas dans son parc. Vincent a les mains moites mais il sait que sa propre peur n'est pas à elle seule une raison d'intervenir. Il observe ce qui se passe. Le chiot est en train de mâchouiller un jouet. Il tend le museau vers Bella qui se rend dans la cuisine. Bella se retourne et fait le dos rond.

Le chiot se remet à mâchouiller son jouet.

Mon avis : Vincent est extrêmement stressé et tendu. Il m'écrit quasiment tous les jours pour me dire que Bella est agressive et qu'il ne peut pas les laisser seuls sans supervision. Ce qu'il ne voit pas, c'est que ses animaux sont en train de bien communiquer.

La chatte Bella avertit le chiot Gini de ne pas approcher et Gini comprend l'avertissement. Je lui conseille d'attendre encore avant de les laisser seuls. Il me demande combien de temps. Je lui dis que ce n'est pas une question de temps mais d'observation. Il faut observer le comportement de l'un et de l'autre ! Une bonne question à se poser : que se passe-t-il si Gini persiste ? Est-ce que Bella intensifie les signaux en ajoutant le souffle du nez au dos rond ? Ou bien est-ce qu'elle préfère s'éloigner ? Vincent me dit qu'il n'en sait rien car Gini ne persiste jamais. Il est dépité parce qu'il pense avoir adopté un chien peureux.

En réalité, son chien a compris qu'il ne faut pas insister.

Vincent met beaucoup de temps à laisser Douce, Gini et Bella tous seuls. Il aurait probablement pu le faire avant mais on ne peut pas lui reprocher sa grande prudence ! Gini a 8 mois lorsqu'il reste seul pour la première fois avec Bella en dehors du parc à chiot. Gini est toujours récompensé à chaque fois qu'il choisit de ne pas approcher de Bella. Par prévention, il dégage plus d'étagères ainsi qu'une commode du salon pour Bella.

Ce chiot, visiblement peu tenté par cette chatte extrêmement prudente, si ce n'est pour la renifler, est dans un parc 100% sécurisé. Ils peuvent s'habituer l'un à l'autre en toute sécurité. L'inverse (chat enfermé avec la possibilité pour le chien de s'approcher) n'est pas souhaitable car cela génère un grand stress chez le chat. Ce chiot est très occupé. Vincent met les bouchées doubles pour le sortir, le faire jouer et tester différents jouets à mâchouiller.

Il n'est pas extrêmement remuant et l'instinct de poursuite est faible mais une bonne prévention est toujours indispensable. Le parc à chiot est une solution possible lorsque l'on suspecte que son chat prendra peur et/ou lorsque l'on ignore totalement comment le chiot va se comporter.

Un chien adulte arrive chez des chats adultes

L'humain : Isabelle, une amie, célibataire sans enfants. Elle adopte un chien adulte avec trois chats adultes à la maison.

Les chats : Didou est un chat d'un an. Il est plutôt posé mais il a vécu une « enfance » extrêmement agitée avec d'innombrables pipis dans la maison et des marques de griffes sur la tapisserie. Quant à Babou, c'est un chat de 4 ans très énergique mais équilibré également. Enfin, Goliath est un chat blanc de gros gabarit, âgé de 2 ans et dont personne ne s'approche, sauf Isabelle, car il peut attaquer à tout moment.

Le chien : Aménophis, surnommé « Méno » est un chien type setter irlandais de 2 ans. Il n'a quasiment pas été éduqué ni socialisé. Il est décrit comme très affectueux mais exubérant et craintif.

Le lieu : une petite maison avec un jardin d'environ 500 m².

La décision : Méno pourchasse tous les chats à l'extérieur ou aboie sur eux. Isabelle est anxieuse. Le jour de l'arrivée du chien à la maison, elle laisse ses chats dehors et ferme toutes les fenêtres.

Le soir venu, elle décide de s'enfermer avec son chien dans sa chambre en laissant une fenêtre ouverte qui permet aux chats d'aller et venir dans la cuisine depuis le jardin. Hormis la salle de bains, la chambre d'Isabelle est la seule pièce à pouvoir être fermée dans cette petite maison. Isabelle ne veut pas attendre trop longtemps par peur de prendre la décision de ne jamais les laisser se rencontrer.

Dès le lendemain, elle laisse la porte de sa chambre ouverte. Puis elle m'appelle en fin de journée pour me dire que ses chats ont « disparu ».

Fenêtre de la cuisine avec la table en-dessous

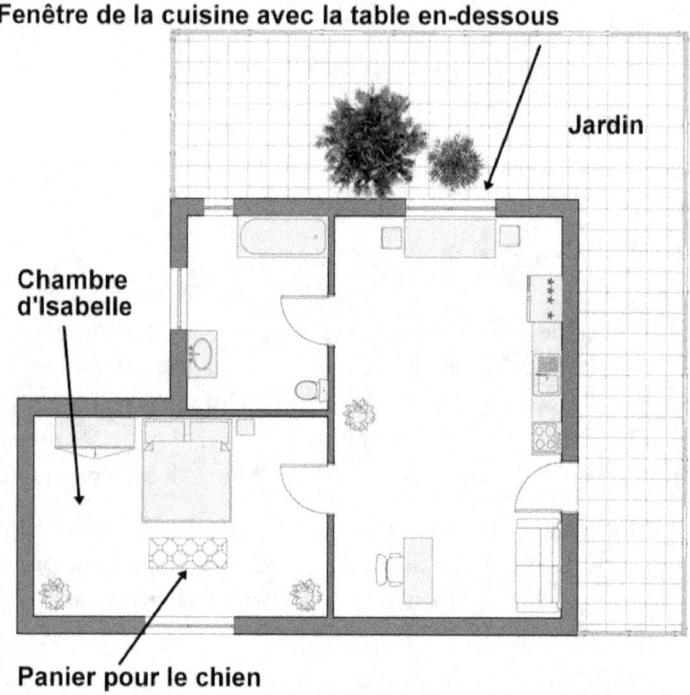

Jardin

Chambre d'Isabelle

Panier pour le chien

Mes conseils : j'explique à Isabelle que la disparition de ses chats est tout à fait normale. Les chats gardent leurs distances et assurent ainsi leur sécurité. Maintenant, il va falloir faire un gros travail avec Méno pour qu'il apprenne les ordres de base et un minimum de contrôle de soi et ce, sans tarder. Ensuite, je lui conseille d'aménager la cuisine pour que les chats puissent avoir un peu plus envie d'entrer, en poussant simplement la table jusque sous la fenêtre pour leur éviter de sauter par terre. Malheureusement, je n'ai pas autant de créativité que Morgan à ce sujet ! Les chats ont quand même une cuisine un peu plus sécurisée.

Morgan : « Merci Laetitia, il est vrai que des refuges à différents niveaux dans les pièces les plus fréquentées représentent une astuce technique très appréciée. Celles et ceux qui l'ont appliquée m'affirment que c'est le jour et la nuit

».

Les évènements : Isabelle choisit de tout laisser ouvert. Elle apprend rapidement à son chien à dormir dans son panier qu'elle place au pied de son lit.

La troisième nuit, vers 3 heures du matin, Isabelle se réveille et constate que ses chats Didou et Babou sont collés contre elle tandis que son chien est couché sur ses pieds. Tétanisée et n'osant plus bouger, elle ordonne à Méno « ta place » mais celui-ci ne bouge pas (normal, il n'a pas encore appris !). Isabelle est en mauvaise posture car se retrouver coincé entre des chats et un chien qui ne se connaissent pas peut s'avérer dangereux. S'il y a bien une situation dans laquelle le risque est élevé, c'est lorsque deux animaux veulent la même chose, que ce soit à manger, sortir sur une terrasse… ou être près de vous. Mais ni moi, ni Isabelle, n'avions imaginé que les chats rentreraient ainsi la nuit pour reprendre leur place habituelle.

Les chats d'Isabelle ont sans doute estimé ne pas prendre de risque parce que le chien était endormi. Finalement, Isabelle a fait sortir ses chats et amené son chien à se coucher dans son panier. Puis elle a fermé la porte de la chambre.

Par la suite, je conseille à Isabelle de faire stériliser ses chats. Le vétérinaire pourra opérer Didou et Goliath mais pas Babou pour des raisons de santé. C'est une mesure de prévention et, même si c'est un peu tard, les chats, sans changer de personnalité, se montreront un petit peu plus calmes.

Goliath est toutefois toujours aussi peu commode. Contrairement aux 2 autres, il lui faudra 6 semaines pour enfin entrer dans la maison et aller plus loin que sur la table de la cuisine ! Il le fera un jour où Méno, fatigué par une très longue promenade, sera endormi sur le canapé. Ce jour-là, le chat entre dans la pièce et la traverse prudemment pour rejoindre l'autre côté. Il se poste sur le bureau d'Isabelle pour observer le chien dormir. Isabelle m'appelle pour savoir quoi faire et je lui dis de ne surtout pas intervenir.

Le chien est récompensé dès lors qu'il se montre désintéressé de l'un ou l'autre chat. Il y aura 4 bagarres entre Goliath et Méno qu'Isabelle fera immédiatement cesser en pulvérisant de l'eau avec du jus de citron. Le rythme des bagarres diminue au fil du temps. Isabelle va parvenir à les faire cohabiter en laissant ses chats se réfugier facilement à tout endroit de la maison dès qu'ils l'estiment nécessaire. Elle s'investit dans une éducation de qualité avec son chien et en intervient le moins possible sauf quand l'un ou l'autre est en danger. Il faudra environ deux ans et demi de haute vigilance.

Mon avis : Isabelle peut s'estimer heureuse qu'il n'y ait pas eu d'incident tragique. Elle aurait probablement pris moins de risques en appliquant sa petite technique des portes et fenêtres ouvertes uniquement lorsqu'elle était en mesure de surveiller les allées et venues et les comportements des uns et des autres, et pas pendant qu'elle dort, dès la troisième nuit.

Mais Morgan n'est pas tout à fait de cet avis : « Personnellement, mon avis est plus nuancé et je pense qu'Isabelle a très bien agi sans le savoir. En réalité, chien et chats ont trouvé un terrain d'entente sans aucune intervention d'Isabelle, endormie. J'imagine bien que les chats sont arrivés à pattes de velours, avec un maximum de précautions, de gestes délicats et mesurés pour venir « sonder» leur territoire si familier.

Ils ont pris tout leur temps pour approcher. Ils ont écouté avec la plus grande attention le chien Méno. Lui-même, n'exprimant aucun mouvement brusque ou agressif, n'a pas grondé. Il ne s'est pas dressé sur ses pattes d'une manière hostile alors les chats ont conclu que leur visiteur n'était pas une menace. Car pour les chats Didou et Babou, dans cette situation, aucun doute que le territoire leur appartient toujours.

Si le chien avait refusé « l'intrusion», il l'aurait

bruyamment exprimé, les chats auraient stoppé leur approche et auraient fui par les mêmes fenêtres qu'ils venaient d'emprunter. Isabelle se serait réveillée en sursaut. J'imagine mal que Méno détecte très tard l'arrivée des chats et se mette à agresser les félins au moment où ils s'installent sur leur maîtresse.

Je serais surpris de cette réaction plus que tardive de la part du chien, animal tellement vigilant. Mais retenons le côté positif, chats et chien ont communiqué (communication corporelle). »

Je suis d'accord avec Morgan sur le fond. Les chiens n'attendent pas la dernière seconde pour repousser des chats. J'aurais tendance à conseiller d'éviter de se retrouver physiquement bloqué entre un chat et un chien en train de faire connaissance.

Après la première bagarre entre Goliath et Méno, nous avons passé des heures au téléphone à essayer de comprendre ce qui s'était passé. A priori, Goliath a voulu s'approcher d'Isabelle alors que Méno lui bloquait le passage. Quand un chat se sent bloqué, il est acculé à réagir violemment et mettra tout en œuvre pour trouver une issue de secours. Isabelle a donc décidé d'éviter que se répètent ces situations de blocage en réaménageant l'espace (cf. *Mettre un chat en confiance avec un chien*).

D'autres bagarres se sont produites et, à chaque fois, nous avons abouti à la même conclusion. Peu à peu, Isabelle a éliminé les situations à risque dans son logement.

Aujourd'hui, Goliath est peu présent. Pour éviter qu'il n'aille chercher son bonheur chez un voisin, comme cela peut arriver parfois, Isabelle est aux petits soins, avec notamment de délicieuses pâtées pour chat dès qu'il revient du jardin.

Pour conclure, la plupart du temps, une séparation est souhaitable pour la rencontre (premiers instants ou premiers jours).

Dans ces 3 histoires, il est question d'une pièce séparée et d'une barrière, d'un parc à chiot, de portes et fenêtres fermées. Que vous connaissiez bien vos animaux, comme dans le cas d'Agnès et Didier, ou que vous ne soyez pas sûr de leurs réactions, comme Vincent qui a adopté un chiot, séparer les animaux est souvent temporaire.

2) La sécurité pour le premier contact

Pour nous, le mot contact a un sens différent. Les animaux sont en contact quand ils se sont sentis même sans se voir.

Votre chat et votre chien séparés ont-ils la possibilité de se sentir ? C'est souvent un bon moyen d'observer quelques premières réactions que de leur permettre de sentir la présence de l'autre. Vous pouvez aussi le faire en leur faisant renifler les affaires de l'un et de l'autre. Si vous êtes en mesure d'offrir une vue à votre chien sur votre chat ou chaton, derrière une porte vitrée ou une fenêtre, c'est également un bon moyen d'observer les réactions pour évaluer les risques.

Si le comportement du chien et/ou du chat laisse penser qu'il existe un risque d'agression, une première rencontre peut être organisée avec un aménagement permettant au chat de se réfugier en hauteur. Une bonne façon de procéder est d'habituer votre chat à apprécier les endroits en hauteur sans la présence du chien. En parallèle, vous faites des répétitions avec votre chien dans la même pièce sans la présence du chat. Ces répétitions consistent à le récompenser pour rester assis à vos pieds et face à vous. Cette position l'empêche de regarder le chat.

Vous pouvez facilement focaliser son attention sur vous plus longuement en lui apprenant à vous regarder dans les yeux (look ou regarde-moi) ou « pas bouger ». Je vous présente ces ordres dans mon livre *La Méthode Bon Chien* avec des apprentissages ludiques.

Augmentez peu à peu la difficulté. Votre chien reste assis sans aucune distraction. Par la suite, il reste assis alors que quelqu'un entre dans la pièce. Puis vous répétez alors que quelqu'un entre dans la pièce avec de la nourriture dans la main, etc. Si votre chien est ainsi conditionné à rester assis dans cette pièce où il rencontrera le chat, ce sera plus facile de le faire en sa présence.

Maintes fois récompensé pour être resté assis face à vous malgré des distractions, il trouvera plus gratifiant de rester assis plutôt que de s'intéresser au chat. C'est un processus envisageable avec un chien doté d'un faible instinct de poursuite. Bien sûr, ne rappelez pas votre chien pour s'assoir face à vous s'il ne fait que montrer de la curiosité envers le chat.

3) Comment préparer au mieux la venue d'un jeune chat chez un chien ?

Nathalie nous a sollicité sur laVieDesChats.com et OuafMag.com avant qu'elle n'accueille bientôt un jeune chat âgé d'un an, nommé Ker. Nathalie partage déjà son quotidien avec son chien Alto, un berger allemand de 9 ans.

Nathalie attend l'arrivée de son jeune chat et s'inquiète un peu de la rencontre entre chat et chien.

Nathalie écrit : « A vrai dire, je n'ai pas encore ce petit félin, il arrivera bientôt. Mais j'appréhende beaucoup ce moment de la rencontre. Mon chien est très exclusif et va aboyer après ce chat (qui, lui, est habitué aux chiens). Je m'étais résignée à séparer leurs territoires, chien en bas, chat à l'étage mais on me dit que c'est une mauvaise idée et qu'ils peuvent très bien s'entendre. Qu'en pensez-vous ? Que dois-je faire ? Merci pour votre site, bien cordialement ».

Nous vous répondons chacun à notre tour.

Chat habitué aux chiens ? Rien d'automatique

Laetitia : Il faut savoir que les chats habitués aux chiens et les chiens habitués aux chats, c'est souvent un atout pour la cohabitation mais jamais la garantie que l'animal que vous adoptez va apprécier votre animal. Ils sont tous différents. Au mieux, cela facilite votre tâche.

J'aimerais également préciser qu'un chien n'a pas de territoire. C'est une idée reçue qui nécessiterait un long développement. Mais, pour faire bref, un chat repousse un intrus de son territoire et quand cet intrus est sorti du territoire, il a atteint son but. Un chien ne repousse pas un intrus d'un quelconque territoire. Lorsqu'il court après un chien, quelqu'un ou un chat, un chien continue de lui courir après bien au-delà de ce que NOUS considérons comme son territoire :)

C'est important de le savoir parce que ce qui compte le plus pour mieux aider nos chiens à vivre en paix avec nos chats, c'est la notion de distance.

Morgan : L'acceptation n'est pas acquise. Comme nous, les animaux ont une personnalité et un caractère pas forcément compatibles avec tous les autres individus. Nous devons faire preuve de souplesse et de diplomatie. Certains animaux en sont capables aussi.

Laetitia : Quand on s'apprête à adopter un chien ou un chat alors qu'on a déjà un chat ou un chien, c'est vraiment une excellente idée d'imaginer comment l'animal qu'on connaît bien pourrait réagir. Cela permet d'anticiper, de mieux préparer sa maison. Ceci dit, vous ne pouvez jamais être sûr à 100% de ce qui va se passer.

Alors, tout en prenant vos précautions si vous pensez qu'il y a de fortes chances que votre chien soit réactif, il faut bien se concentrer sur ce que l'on observe sur le moment. Dans des conditions parfaitement sécurisées pour l'un et pour l'autre, on peut observer et prendre des décisions pour la suite.

Obéissance et Liberté

Morgan : En effet, il faut faire un réglage après un round d'observation. Dans tous les cas, votre chien doit pouvoir vous obéir si vous l'appelez par son nom et s'asseoir près de vous si vous le lui demandez. S'il n'en est pas capable, travaillez sur ce point à l'aide de *La Méthode Bon Chien* de

Laetitia. Une fois cette première mesure garantie, votre jeune chat Ker pourra découvrir en toute liberté Alto. N'hésitez pas à aller promener votre chien Alto avant la première rencontre, cela calmera ses ardeurs de jeu et de grande curiosité.

L'obéissance pour le chien, la liberté pour le chat, ces deux premiers paramètres vous aident dans les premières rencontres. La liberté signifie que vous laissez à votre chat la possibilité d'aller se réfugier sur un arbre à chat ou un hamac. Face à Alto assis ou allongé près de vous, votre chat Ker se rendra compte que son nouveau compagnon n'est pas un danger. Vous aurez facilité le premier contact. A chacune de vos observations, vous allez ensuite offrir à vos compagnons les meilleures conditions. A votre chat et votre chien de décider s'ils s'acceptent comme simple colocataires ou amis pour la vie.

Laetitia : Aucune des décisions que vous pouvez prendre à ce stade n'est définitive. Prendre une décision avant même d'avoir fait connaissance avec le chat et avoir observé comment les deux animaux se comportent, ce n'est pas raisonnable. Vous verrez, au fur et à mesure de l'évolution (car cela évolue beaucoup, surtout au cours des premières semaines !), quelles sont les plus sages décisions à prendre. Pour le moment, vous ne pouvez pas savoir s'il faut les séparer ou s'ils peuvent partager librement la maison dès le premier instant.

Les besoins de votre chien et de votre chat

Laetitia : Vous avez un chien âgé. En général, les chiens âgés apprécient moins facilement l'exubérance des jeunes animaux, c'est le cas pour les chats et pour les chiens aussi. Je pense qu'en plus d'assurer la sécurité de vos animaux, il faudra veiller à ce que votre berger allemand puisse toujours avoir une certaine tranquillité. S'il a passé toute sa vie seul avec vous, en tout cas sans autre animal, cela va bouleverser sa vie.

Il pourra s'adapter à cette nouvelle présence et à ce chat spécifiquement, cela pourrait égayer ses journées. Compte tenu de son âge toutefois, et de ce que vous dites, je serais très vigilante pour que le chien continue de vivre sa vie faite de tous ces petits bonheurs de chien, comme elle a été pendant 9 ans.

Morgan : Préservez le bonheur de votre chien tout comme vous répondrez aux besoins de Ker. J'insiste souvent sur la nécessité fondamentale de jouer avec votre chat.

4) Jouer efficacement avec un chat

Nous allons répondre à un besoin fondamental de notre chat pour éviter la frustration et donc pour éviter d'augmenter le risque d'agression envers un chien. Ce besoin vital est de chasser. Qu'ils habitent en appartement ou dans une maison à la campagne, nos chats assouvissent leur besoin de chasser en jouant. Voilà pourquoi le jeu est un outil pédagogique utilisé naturellement par les chattes pour enseigner à leurs petits l'art de la chasse.

Avant de commencer à jouer avec notre matou, je vous

informe sur une idée contre-intuitive : il est déconseillé de jouer avec ses mains avec un chat. Cela lui donne l'autorisation de mordre à pleine gueule notre peau dans d'autres circonstances : nos mains, nos bras, nos chevilles ! En revanche, si vous jouez exclusivement avec des objets mettant à distance vos mains, vous ne subirez pas les attaques de chevilles ou de bras en dehors du jeu.

Faire jouer votre chat au bon moment

Capital ! Votre chat a des moments de repos, de sieste, de toilettes, etc. Attendez le bon moment pour jouer avec lui.

Pour connaître les créneaux horaires habituels de jeux, proposez déjà en matinée puis en fin d'après-midi. Ensuite vous retiendrez l'heure à laquelle il adore jouer avec vous. Pour ma part, je retiens le créneau 17h-19h.

Quel est le but de faire jouer votre chat ?

Le but du jeu avec Minou est de reproduire l'activité du chat chasseur dans la campagne. Il va repérer rapidement par l'ouïe, l'odorat ou la vue une « proie » : votre jouet.

Au préalable, imaginez si c'est un rampant, un rongeur ou un oiseau. Une fois le rôle de cette proie choisi, vous n'aurez plus de mal à savoir comment agiter le jouet. Dans ce quart d'heure de jeu que vous allez passer avec votre chat au quotidien, vous n'êtes plus vous, vous êtes « la proie ». Oui, vous incarnez un personnage. Amusant non ? Je savais que cela allait vous amuser aussi.

Vous êtes une souris pour votre chat

Par exemple, aujourd'hui, je suis Dipsie la souris. Je me

balade le long du mur à la recherche de la moindre miette oubliée à terre. Je longe discrètement le long mur du salon, passe derrière le canapé. Minou a entendu un bruit, discret, un frottement à terre derrière le canapé. Moi, je suis Dipsie, je reste discrète mais n'ai rien perçu, je continue et dépasse le canapé pour me diriger vers la cuisine.

Je passe à découvert, j'accélère un peu pour me poster dans l'embrasure de la porte de la cuisine. Je suis une souris et je m'immobilise pour écouter et observer les alentours. Minou s'est positionné derrière le canapé. S'il ne joue pas depuis longtemps, il est possible que sa réaction soit moins énergique. Dans ce cas, il est peut-être resté allongé mais dirige par réflexe ses oreilles dans la direction de Dipsie et a même peut-être daigné regardé dans sa direction. C'est un début pour ce sujet (avachi et léthargique) mais à force de sollicitations, son envie de jouer reviendra au galop, comme le naturel… Mais revenons à notre Minou énergique et tout de suite intéressé par Dipsie.

Dipsie s'est immobilisée. Minou ne veut pas se faire repérer et stoppe toute progression… non, il s'est figé, statufié ! Son regard est tendu dans la direction de Dipsie mais surtout, sans dépasser la tête du canapé. Ses oreilles sont pointées dans la direction de sa proie. Les pupilles sont dilatées au maximum pour offrir à son regard le maximum de lumière et d'information visuelle susceptible de le renseigner sur la stratégie ou la manœuvre d'attaque. Dipsie agite son museau à la verticale et analyse l'air ambiant … Non, rien n'a trahi Minou. Dipsie, après ce premier tour de radar, continue son périple dans la cuisine. Je vous rappelle que c'est vous la souris au cas où vous l'auriez oublié. Vous agitez donc la souris de manière à imiter Dipsie. Je vous laisse continuer de cette manière.

Pour la suite, ne perdez jamais de vue les capacités de mobilité de la proie (la souris ne pourra pas voler par exemple mais bondit et est très rapide). Si la souris peut aller très vite, elle n'échappera pas à une première prise de Minou près du réfrigérateur. Laissez Minou attraper Dipsie. Il la lâchera une première fois pour la voir tenter de s'échapper malgré quelques coups de croc. Quand un chat s'amuse à torturer ainsi ses proies, c'est cruel, le jeu est macabre mais c'est naturel pour Minou. Reproduisez ainsi cette chasse à la souris. Au final, n'oubliez pas deux choses.

Deux règles pour garantir la qualité du jeu avec votre chat

Premièrement, Minou gagne donc vous lui laissez quelques minutes sa proie à la fin de la séance.

Deuxièmement, vous rangez le jouet. Il faut se tenir à ce point technique sinon Minou va se désintéresser vite du jouet resté inerte plusieurs jours durant. Or s'il voit réapparaître le lendemain Dipsie en train de courir dans le couloir d'entrée, là c'est une fête pour lui ! Il va adorer ce signal du jeu avec vous et la nouvelle partie de chasse.

Vous pouvez décliner ce jeu à l'infini… Un jour, vous êtes souris, un oiseau le lendemain.

5) Une situation extrême de chat très agressif

La cohabitation est parfois tellement difficile que les agressions entre chat et chien se multiplient. Découvrez maintenant un exemple de situation très tendue.

Des attaques violentes de chat

Catherine nous écrit ceci :

« Jojo est un chat de la rue. Il est à la maison depuis environ un mois. Nous l'avons fait castrer. Tout se passait bien avec Tara, notre petite chienne, jusqu'au jour où il l'a attaquée très violemment. Mon mari a eu juste le temps de protéger la tête de la chienne avec son bras. Il a été sérieusement mordu et griffé, la chienne blessée mais sans gravité …

Nos voisins ont une petite chatte également. Jojo l'a blessée deux fois. Elle a de multiples morsures sur le dos et est complètement terrorisée. Le vétérinaire l'a mise sous calmants. Dernier fait, samedi midi, nous avons reçu des amis qui sont venus avec leur petit chien (Shih tzu). Nous avions mis Jojo dans le jardin par précaution. Il a profité d'une fenêtre ouverte pour entrer et attaquer immédiatement le chien. Morsures et griffures. Il s'en est même pris à mon mari. Nous sommes complètement démunis ! Que faire ? »

Dans un premier temps, nous vous invitons à séparer temporairement Jojo de Tara. Tour à tour, nous allons vous guider.

Mesure de séparation temporaire

Laetitia vous répond :

Si j'étais à votre place, je prendrais mes dispositions pour protéger ma chienne en attendant que Jojo s'apaise un peu. Je pense que c'est ce que vous avez commencé à faire. Je trouverais peu à peu des trucs et astuces pour les séparer efficacement 24/24 h. Le fait de les séparer pourrait d'ailleurs contribuer à apaiser Jojo. Il ne faut pas le vivre comme un échec. La séparation fait parfois partie de la solution.

Vu les attaques que vous décrivez, je pense qu'il est judicieux de les séparer. Même s'il s'agissait d'un chien qui n'hésite pas à tenir le chat à distance, Tara courrait un risque avec Jojo.

De plus, en évitant tout contact, vous évitez à votre mari et vous-même peut-être, de prendre des risques sous le coup de la panique. Je comprends bien sa réaction, mais c'est vraiment très dangereux de s'interposer. Maintenant que vous savez qu'il existe un risque, je vous conseille de prévoir quelque chose au cas où, tel un spray, et de toujours l'avoir sous la main (cf *Que faire quand votre chien et votre chat se battent ?*).

On ne peut pas remettre en question le comportement de Tara puisque Jojo s'en prend à d'autres chiens et même à d'autres chats. Sa simple présence le bouleverse. Mais je note qu'il n'est pas là depuis longtemps. Vous pouvez garder espoir.

Vous avez de la chance d'avoir Tara qui, par son comportement, n'envenime pas la situation. Il faut simplement la protéger, ne pas sous-estimer le risque qu'elle court et voir s'il est possible d'obtenir une amélioration du côté de Jojo.

Le chat Jojo a des difficultés à gérer ses émotions

Morgan prend le relais de l'analyse :

Le chat Jojo, venant de la rue, n'a pas eu une éducation complète sans doute. Son agressivité démontre qu'il a du mal à gérer ses émotions. Alors que la cohabitation se déroulait sans encombre depuis un mois, un événement vous a échappé et a provoqué une panique chez Jojo. Ce chat, démuni face à cette émotion puissante qu'est la peur, ne dispose que d'un seul mode de communication : l'agressivité. C'est davantage un réflexe primaire qu'un acte purement réfléchi.

Il est donc inutile d'en vouloir à Jojo. Avec le temps, il apprendra à avoir confiance en votre chienne, il va intégrer le fait qu'elle n'est nullement une menace. Je vous rappelle que le chien est considéré comme un prédateur par le chat, d'où cette pulsion primaire de peur et d'agressivité. Pour lui enseigner cette paix de l'esprit, vous pouvez apporter votre aide à votre chat recueilli.

Dans un premier temps, le séparer de Tara va le rassurer sur le fait de ne jamais se faire surprendre par votre chienne. Le type d'événement qui a déclenché la première altercation peut être insignifiant.

Pour imaginer cet événement, je m'inspire d'autres cas similaires. Tara est arrivée dans le salon, s'apprêtant à rejoindre le canapé. Or Jojo, en ce début d'après-midi, faisait sa sieste. Il était dans un rêve excitant dans lequel il chassait un rongeur dans un talus. Des mouvements oculaires et de ses pattes avant trahissaient ce rêve actif en cours. Tara est venu sentir la patte avant de Jojo dépassant du canapé et remuant dans le vide, juste par curiosité.

Soudain, le contact de la truffe sur la patte de Jojo a été interprété dans le rêve du chat comme une attaque d'un prédateur.

Réveillé en sursaut, agissant sans réfléchir, Jojo a réagi impulsivement, activant un programme automatique de défense face à un danger. Avant qu'il ne reconnaisse Tara qu'il n'avait pas encore identifiée comme amie de son cercle intime durant ces dernières semaines, Jojo a griffé une première fois. Il s'apprêtait à prendre la tête de la chienne à pleines griffes quand votre mari est arrivé pour protéger la chienne.

Ceci est une fiction mais quoi qu'il se soit passé, les animaux ont vécu un incident qui a échappé à votre vigilance. Je vous donne un autre exemple du même type. Un chat qui a fait une mauvaise rencontre à l'extérieur peut se venger, une fois rentré, sur le premier venu, submergé par la frustration ou la peur.

Mais retenez bien que la situation peut s'arranger entre

vos deux compagnons.

Laetitia ajoute :

Morgan a très bien expliqué qu'il a pu se passer quelque chose sans que Tara n'ait l'intention d'apeurer Jojo et même un évènement à l'extérieur de la maison. Je voudrais cependant ajouter qu'il ne s'est peut-être aussi rien passé de particulier.

Les chats et les chiens adoptés peuvent aussi changer de comportement lorsqu'ils commencent à s'adapter à leur nouvel environnement. Ils peuvent être timides au départ puis, lorsqu'ils sont plus à l'aise, leur vrai comportement se manifeste. Ce phénomène est souvent comparé à la « lune de miel » par les gens qui travaillent dans les refuges : tout va pour le mieux jusqu'à ce que l'animal prenne confiance et change. C'est alors, hélas, que beaucoup d'animaux sont ramenés aux refuges. Ceci n'exclut pas qu'il puisse aussi se passer quelque chose que l'on ne remarque pas.

Morgan poursuit :

Pour ne plus revivre l'épisode de l'attaque de Jojo sur le chien de vos amis de passage chez vous, il est préférable d'enfermer Jojo dans la pièce qu'il affectionne le plus. Cette mesure est provisoire car il serait bon, durant les mois à venir, de proposer à Jojo les séances (cf. *Séance de câlins en commun pour calmer un chat et un chien*).

En attendant, voici ce que vous pouvez faire tout de suite.

Une première solution entre un chat agressif envers une douce chienne

Séparez Jojo de Tara pour une période temporaire de quelques semaines. Les séparer consiste à réserver un espace chez vous à Jojo, une zone qu'il affectionne et que vous interdirez à Tara. Si votre chat comprend que votre chienne ne peut pas accéder à cet espace alors Jojo, rassuré, n'aura pas de raison de réagir d'une manière agressive. A chaque incident ou à chaque moment de crainte, il sait qu'il pourra se réfugier dans son secteur sécurisé.

Si vous avez une maison, c'est simple. Posez dans un coin de pièce le couffin que Jojo a déjà adopté. Si vous êtes dans un logement plus petit, je vous recommande un arbre à chat.

C'est un début mais cela devrait signifier à Jojo qu'il fait partie de la famille. Il va apprendre, seul ou avec vous, à mieux connaître Tara et l'autre chatte. Il pourra observer, depuis sa hauteur, ses compagnons et s'imprégner de leurs odeurs et comportements.

J'ajoute également que jouer tous les jours avec Jojo serait formidable pour communiquer avec lui d'une manière privilégiée. Je vous décris en détails l'intérêt du jeu avec un chat sur laVieDesChats.com.

6) Combien de temps pour obtenir l'harmonie ?

On nous pose souvent cette question :

« A partir de quand peut-on laisser son chien et son chat seuls ? »

Laetitia : « Vous devez observer vos animaux et être prêt à faire preuve de beaucoup de patience. Personne ne peut dire combien de temps mettront un chat et un chien à cohabiter sans représenter un danger l'un pour l'autre.

Il faut être attentif à tout signe d'amélioration. Il peut n'y en avoir aucun pendant des semaines et puis vous remarquez qu'ils se déplacent sans être crispés, qu'ils restent calmes dans la même pièce plus d'une heure, que le mouvement de l'un ne provoque plus la réaction de l'autre, ou encore qu'ils semblent s'ignorer.

C'est souvent progressif sur plusieurs semaines ou plusieurs mois. La situation peut même évoluer pendant des années. Il y a eu des problèmes entre ma chienne et mes chats au tout début : cinq ans plus tard, j'observe encore des progrès !

J'aimerais ajouter que rien ne vous oblige à laisser vos animaux seuls à l'intérieur quand vous n'êtes pas là. Pour ma part, ma chienne et mes chats cohabitent paisiblement maintenant. Toutefois, lorsque je m'absente, je veille à ce que mon chat William soit dehors. Je peux laisser mon chat Barnabé avec ma chienne, mais William montre régulièrement de la crainte envers elle. Il est arrivé qu'ils restent seuls, et rien de particulier ne s'est produit, mais j'évite de le faire. »

7) Préparer un déménagement pour vivre en couple

Les déménagements pour vivre en couple sont une raison fréquente d'être confronté à des situations catastrophiques entre chats et chiens. Parce qu'ils ne s'entendent pas, cette étape dans l'histoire d'un couple prend une tournure dont on se serait bien passé. Laetitia vous donne quelques conseils pour préparer votre nouvelle vie à deux + huit pattes :)

Souvenez-vous qu'avec vos animaux, il faut faire un maximum de prévention ! Pour un évènement aussi important qu'un déménagement, il faut faire... encore plus que le maximum !!

Parfumer la maison

Quelques jours avant la rencontre, déposez l'odeur du chien qui va déménager un peu partout dans la maison du chat : en frottant un chiffon doux sur le chien puis en frottant ce chiffon sur vos meubles et/ou en disposant les affaires du chien dans la pièce principale, pour habituer le chat à l'odeur. Évitez à tout prix les endroits où le chat mange, dort et fait ses besoins.

Faites de même avec l'odeur du chat dans la maison du chien quand c'est le chat qui déménage.

Sachez qu'un diffuseur de phéromones pour chat (type Feliway) n'a aucun effet sur un chien et vice versa. Il est possible d'utiliser un diffuseur de phéromones pour chat et un diffuseur de phéromones pour chien (type Adaptil) dans la même pièce. Ils n'interfèrent pas, ni ne s'annulent.

Réaménager la maison

Si c'est le chat qui part vivre dans la maison du chien, la situation est souvent moins périlleuse puisque dans ce cas, le chat n'a pas encore de territoire à protéger. Prenez bien soin de remettre un maximum de meubles et objets comme c'était avant. Par exemple, il suffit que le guéridon de grand-mère soit à côté du canapé (même si c'est un nouveau canapé) pour que le chat habitué à se coucher sur le guéridon retrouve plus vite ses marques.

Autre chose d'important à propos de ce guéridon qui déménage : le chat y a probablement laissé sa marque en se frottant dessus. C'est très rassurant pour un chat de retrouver ce qu'il avait pris grand soin de marquer ! Plus il y a de meubles et objets familiers dans son nouveau chez-lui et plus il se sentira facilement à l'aise.

Dans tous les cas, avec un chien qui n'a pas l'habitude de vivre avec un chat, sécurisez les affaires du chat en les plaçant hors de portée du chien. Surélevez sa litière si vous le pouvez et surtout ses gamelles pour boire et manger.

Envisager la stérilisation

Faites stériliser vos animaux si ce n'est pas déjà fait et si le vétérinaire estime qu'il est encore temps.

La stérilisation des animaux domestiques modifie uniquement leur comportement sexuel et n'altère en rien leur caractère. Ce comportement sexuel est à l'origine de nombreux conflits. Cela les perturbe régulièrement au cours de l'année. Si l'un des animaux n'est pas encore adolescent, il se peut que l'adolescence vienne tout gâcher car il n'est pas rare que le comportement change à cette période de la vie, pour les chats comme pour les chiens, alors que tout allait si bien.

Communiquer à propos des animaux

Repensez vos habitudes et parlez-en ensemble, surtout à propos de la nourriture.

Ne tentez jamais votre chat ou votre chien de prendre des risques pour sa sécurité en s'approchant pour manger dans sa gamelle. Éloignez également les friandises du chat et du chien en les rangeant dans deux pièces différentes : vous leur donnerez leurs petites douceurs séparément.

Au propriétaire du chien : si votre ami(e) n'a jamais vécu avec un chien, prenez le temps de lui expliquer ce qu'il faut faire et ne pas faire avec le vôtre. Souvent, on s'imagine que c'est évident pour tout le monde mais cela ne l'est pas du tout et les chiens sont tous uniques.

Vivre à deux va changer beaucoup de choses pour votre chien et il y a maintenant un haut risque d'être inconstant : l'un envoie certains messages au chien tandis que l'autre lui envoie des messages contradictoires. Il est impossible de tout contrôler car chacun de nous se comporte différemment mais essayez de vous mettre d'accord sur un maximum de sujets le concernant.

Observez comment votre ami(e) interagit avec votre chien et intervenez si vous pensez qu'il/elle n'envoie pas les bons messages : « regarde, si tu lui montres le tapis du doigt en disant « tapis », il va y aller ! ». Mieux vaut intervenir parce que laisser s'installer de mauvaises habitudes... vous savez combien c'est difficile de les modifier par la suite !

Votre ami(e) a sûrement eu l'occasion de mieux connaître votre chien depuis un moment déjà mais partager son quotidien avec un chien est une expérience à part.

Si vous avez des enfants

Il ne faut jamais, et sous aucun prétexte, laisser un

enfant seul avec un chien.

A partir d'un certain âge, souvent autour de 12 ans mais cela dépend de la maturité de chaque enfant, on peut relâcher sa vigilance. Pour cela, il faut que l'enfant ait appris comment on doit se comporter avec un chien (ne pas le tirer par le collier, ne pas lui faire « des bisous» sur la bouche, ne pas crier, ne pas lancer des objets, ne pas le serrer fort dans ses bras, ne pas lui faire peur ou lui faire des « surprises », etc.).

Si votre amie(e) a un enfant en âge de comprendre, vous avez la responsabilité de lui apprendre comment on se comporte avec un chien à la maison. Si votre chien n'a jamais vécu avec un enfant, redoublez de vigilance.

Les enfants sont très tactiles. Ils adorent les contacts avec les animaux mais les chiens détestent être forcés physiquement à rester quelque part ou à être serrés fort. De plus, leur face est une partie très sensible de leur corps. C'est pourquoi tant de chiens tournent la tête quand on veut leur faire un bisou. Les enfants se font mordre plus souvent au visage parce qu'ils recherchent ce type de contact.

Aucun chien n'est naturellement gentil avec les enfants. C'est une idée reçue. C'est quelque chose qu'un chien apprend et ce, grâce à vous, qui le félicitez lorsqu'il se comporte bien.

Si votre enfant approche un chat pour la première fois, retenez d'abord que chaque chat a sa propre personnalité. Certains félins acceptent d'être pris dans les bras d'un enfant avec beaucoup d'indulgence, d'autres vont fuir dès qu'ils devinent l'intention de l'enfant.

Il faut savoir se présenter à un chat et le laisser venir. L'enfant doit accepter la décision du chat. Pour accompagner votre enfant dans les premiers moments avec un chat, je vous conseille le paragraphe « Vous vous présentez au chat » (cf. *Choisir un chat quand on a déjà un chien*). La patience est une vertu remarquable que les chats nous enseignent dès le plus jeune âge.

Chat qui sort ou chat qui ne sort pas...

Pour le chat qui déménage, l'accès à l'extérieur est un facteur majeur de paix.

Le chat ne sortait jamais et ne sortira pas dans votre nouveau chez vous :

- suivez les conseils de Morgan pour la gestion de l'espace de vie (cf. *Toujours un refuge accessible en hauteur*, *Une autoroute à chat personnelle pour Bijou*)

- évitez, dans les premiers temps, toutes sortes de répulsifs même si le chat fait ses griffes. Le chat doit être le moins perturbé possible par le déménagement et doit donc se sentir rapidement chez lui.

L'une des meilleures solutions consiste à habituer le chat à passer la majeure partie de son temps dans une pièce en particulier, en apprenant au chien à ne pas entrer dans cette pièce (cf. *Apprenez à votre chien à respecter l'espace privé de votre chat*). Cet apprentissage vaut la peine que l'on y passe du temps : vous n'avez pas besoin de vous soucier de savoir si la porte est ouverte ou fermée et le chat peut sortir librement de la pièce.

Le chat sortait et continuera à sortir dans votre nouveau chez vous :

- laissez le chat s'habituer à son nouveau territoire avant de le laisser sortir même s'il y a un chien.

- il est conseillé de séparer les deux animaux pendant cette période et même d'éviter de les faire se rencontrer. Il est raisonnable d'attendre 48 heures au minimum pour faire sortir son chat après un déménagement, mais certaines personnes attendent plusieurs jours.

- si vous voyez que le chat a envie de sortir, vous pouvez ouvrir la porte ou la fenêtre mais, dans les premiers temps, ne faites pas sortir le chien au même moment. Laissez le chat découvrir les extérieurs tout seul. Vous n'avez même pas besoin d'aller avec lui.

Faire sortir un chat tout de suite après un déménagement peut s'avérer risqué. Ce n'est pas extrêmement courant mais possible : certains retournent à leur ancien domicile (cf. laVieDesChats.com, *Disparu du lieu de vacances, un chat retrouve ses maîtres deux mois plus tard dans leur maison située à plus de 300 kilomètres*). Prévenez vos anciens voisins au cas où, surtout si vous ne déménagez pas très loin.

Votre chat ne peut pas véritablement se perdre dans son nouveau quartier. En revanche, s'il sort dans le but de fuir « un enfer » à cause du chien, il peut se mettre en danger dehors ou ne plus oser revenir.

Ne tombez pas dans la paranoïa jusqu'à priver d'extérieur un chat habitué à sortir : il reviendra s'il se sent bien chez lui.

Montrez au chat, si vous le pouvez dans votre maison, qu'il est possible d'enfermer le chien dans une pièce quelques minutes. Il est fréquent que le chat comprenne rapidement que, quand la porte de cette pièce est close, il n'y a aucun risque à sauter depuis la fenêtre jusque sur le sol par exemple, en rentrant du jardin. Pendant les premiers jours, cela vaut la peine afin de diminuer le risque d'agression du chat.

Le chat ne sortait jamais et il pourra sortir : vous déménagez avec votre chat, il y aura un chien mais aussi un jardin.

- La plus grande crainte des propriétaires de chats dans ce cas, est qu'il ne revienne plus. A part la circulation automobile, il n'y a pas de grand danger pour un chat qui n'a pas l'habitude de sortir. Le chat a une très forte capacité de survie dehors, contrairement au chien. Si vous avez décidé qu'il pourra sortir (ce qui est souvent plus simple que de l'en empêcher), laissez-le s'habituer à son nouveau territoire 24 ou 48 heures avant d'ouvrir la porte ou la fenêtre. De cette manière, il sera en confiance et ne sortira pas dans le but de s'enfuir.

- Pendant ces 24 ou 48 heures, fermez l'un ou l'autre dans une pièce pour qu'ils ne se rencontrent pas, toujours dans ce but que le chat ne sorte pas pour échapper à un quelconque tourment.

Dans le jardin

Le risque qu'un chien court après un chat est plus élevé à l'extérieur. Dehors, il y a plus de choses pour distraire votre chien qui vous écoute moins. C'est rarement un bon endroit pour les premiers contacts. Si vous pouvez séparer, dehors, les endroits où le chat et le chien font leurs besoins, faites-le, c'est toujours préférable pour le chat. C'est faisable avec un petit enclos pour le chien ou en apprenant au chien à faire ses besoins dans un endroit spécifique. Enfin, vérifiez que les fleurs du jardin ne sont pas toxiques pour les chiens et les chats.

Le pire scénario

Le chat sortait et il ne pourra plus sortir : la plupart des chats sont extrêmement perturbés par cette situation et mettent beaucoup de temps à s'y habituer. Certains ne s'habituent jamais.

Ils miaulent toutes les nuits, font pipi partout et peuvent devenir agressifs. Il existe des solutions pour faciliter la vie de votre chat privé d'extérieur. Elles consistent principalement à faire en sorte qu'il ait de quoi s'occuper. Mais même les meilleurs jeux et les meilleures intentions ne peuvent réellement rivaliser avec le plein air une fois qu'un chat y a goûté.

Si vous êtes dans ce cas de figure, n'hésitez pas à prendre rendez-vous avec votre vétérinaire. Certains chats privés d'extérieur font de véritables dépressions. S'il y a un chien, celui-ci court potentiellement un très grand danger. Je conseille de les séparer. C'est la situation la plus dangereuse pour le chien parce que réduire le risque d'agression chez un chat privé d'extérieur est particulièrement compliqué.

Faites-vous aider si vous êtes dans ce cas. Tous les risques augmentent. Si quoi que ce soit permet d'éviter cette situation, prenez les bonnes décisions. Parfois, un loyer un petit peu plus élevé mais la possibilité pour le chat de sortir, vous simplifie énormément la vie pendant de longues années.

Pour le chien qui déménage

Comme on le conseille pour les chats, il vaut mieux laisser le chien tranquille dans une pièce fermée pendant l'emménagement et le déballage des meubles et cartons.

Ensuite, laissez votre chien explorer sa nouvelle maison tranquillement. Enfermez votre matou dans une pièce si nécessaire. Votre chien a besoin de renifler son nouveau chez-lui sans être stressé ou obsédé par votre chat. Sécurisez les lieux, ne prenez aucun risque même avec un chien adulte. Il peut avoir l'habitude de ne pas se faufiler par un trou dans la clôture chez vous par exemple, mais votre chien peut le faire à travers une autre clôture dans un autre jardin.

Faites attention à ne pas bousculer les habitudes de votre chien. Les rituels, surtout celui des repas, ne doivent pas trop changer (heure, lieu, conditions…).

Pour un chien, déménager est potentiellement moins perturbant que pour un chat, sauf à l'extérieur si le chien sort en promenade. Il faut procéder progressivement si votre chien montre quelque crainte, réticence ou hostilité dans un nouvel endroit.

Ce qui peut perturber un chien dans une nouvelle maison, ce sont les bruits différents de ceux qu'il connaît, en plus des odeurs. Pensez à rassurer ou divertir votre chien s'il montre des signes d'inquiétude, aboie ou menace, face à des bruits inconnus.

Encouragez votre chien à apprécier son panier/coussin comme avant. Félicitez-le pour y aller de lui-même. Félicitez-le dès qu'il fait quelque chose qui vous plaît : vous l'encouragez à le refaire.

Ce n'est pas toujours évident pour un chien de savoir ce qu'il faut faire dans un tout nouvel endroit.

8) Une chatte adulte pourchassée par deux petits chiens dans un appartement

Véronique est dépassée par les évènements dans son appartement. Ses deux petits chiens ne cessent de courser sa chatte Bijou. Cette siamoise, toujours sur le qui-vive, lâche des pipis intempestifs dans tout l'appartement. Pour Véronique, c'est l'enfer !

Quelques semaines plus tard, cette scène détonne : les deux chiens sont sagement assis dans le salon devant Véronique. La chatte Bijou est assise sur le canapé mais ne bronche pas.

Comment est-on passé d'un enfer apparemment sans issue à une entente harmonieuse entre chiens et chatte dans une même pièce ? Nous allons vous raconter quel travail a été effectué sur les deux chiens Tom et Blizzard et la chatte Bijou.

Les chiens Tom et Blizzard pourchassent systématiquement la chatte Bijou

Cette chatte de type siamois est âgée de 12 ans. Stérilisée, elle vit depuis toujours avec sa maîtresse Véronique. Depuis six mois, son compagnon a emménagé chez elle et a amené avec lui ses deux petits chiens. Mais une mauvaise habitude prise par les chiens a transformé le quotidien de la douce Bijou en calvaire permanent.

Elle ne peut jamais circuler tranquillement dans l'appartement sans que les deux petits chiens ne la coursent en aboyant fortement. Cette réaction instinctive est légitime, de nombreux chiens ne peuvent résister aux mouvements des chats. La chatte a trouvé un seul havre de paix dans ce grand appartement : le haut du réfrigérateur dans la cuisine. Là-haut, Véronique s'est même résolue à lui installer des gamelles de nourriture et d'eau. Bijou n'en bouge plus beaucoup.

Le compagnon de Véronique se plaint, on peut le comprendre, Bijou a fait pipi dans tout l'appartement. Une grande litière est proposée dans l'entrée mais la chatte ne s'y rend jamais. Elle se contente d'uriner dans le salon, sur le canapé et même sur les vêtements de Véronique. Son compagnon s'est même fait arroser de pipi quand il a essayé d'emmener Bijou hors de la cuisine où elle s'était à nouveau réfugiée.

Cette situation invivable est endurée par le couple depuis six mois et ils sont dans la contrainte d'envisager de se séparer de la chatte. Désemparés et démunis, ils ont accepté une mission de la dernière chance pour sauver Bijou.

Première mesure : ordres simples aux chiens

Un premier travail leur a été proposé par Laetitia avec les deux petits chiens dans un premier temps.

Il s'agit d'apprendre aux chiens les ordres de base : « assis » et « couché ». Ce sont des ordres qui ne nécessitent que très peu d'étapes mais si vous rencontrez des difficultés, ils font partie des 20 ordres décrits pas à pas dans mon livre *La Méthode Bon Chien*. Ce sont des ordres simples et indispensables. L'apprentissage permet déjà d'initier les chiens à focaliser leur attention sur la personne qui leur ordonne de s'exécuter. Ils comprennent qu'ils sont récompensés pour accomplir certaines actions (assis, couché) et pas pour d'autres (comme courser les chats).

Si votre chien connaît déjà ces ordres mais ne les

exécute pas en présence de votre chat, je vous suggère de vous exercer à faire des répétitions dans toutes sortes de situations où c'est un peu plus difficile de vous prêter attention. Exemples : sur la terrasse (il y a le chant des oiseaux, du bruit peut-être, des choses à observer…), avec les enfants qui jouent calmement à l'autre bout du salon (votre chien a un peu envie de jouer avec eux), pendant la promenade, alors que vous avez un invité à la maison (juste un seul, puis deux, puis un groupe de personnes…), etc.

Si nécessaire, récompensez avec de meilleures friandises au fur et à mesure que vous augmentez la difficulté.

Avec un chien modérément stimulé par les chats, une ou deux semaines est une durée envisageable pour obtenir un bon « assis » et un bon « couché » (immédiat et systématique) en présence de votre chat. Exercez-vous d'abord à « assis » et « couché » lorsque celui-ci est totalement hors d'atteinte de votre chien – sur un meuble haut, derrière une vitre…

Ensuite, il y a plusieurs façons possibles de garder l'attention sur vous ou de contrôler votre chien à la voix :

- « regarde-moi » (ou look)

- « pas toucher » (ou laisse)

- « stop »

- « pas bouger »

Ce sont des ordres que je recommande vivement d'apprendre à un chien qui vit avec un chat :)

En parallèle, n'hésitez surtout pas à lui offrir plus d'activité physique. Quand votre chien a l'occasion de se défouler de façon régulière, il est moins susceptible de s'intéresser à votre chat. Les chiens peuvent vite s'ennuyer et augmenter leurs activités physiques et mentales aide beaucoup. Cette irrépressible envie de courser votre chat pourrait s'atténuer plus vite si votre chien a régulièrement l'opportunité de courser autre chose, comme une balle.

Vous parviendrez mieux à éduquer et gérer votre chien tenté par votre chat s'il est fatigué. »

Premier progrès dans le comportement des chiens face à la chatte Bijou

Les chiens Tom et Blizzard ont désormais une attitude moins inquiétante pour la chatte Bijou. Ils s'assoient calmement quand leur maître le demande; ils se concentrent sur lui à chaque fois qu'il les appelle. Ils sont donc assagis. Véronique et son compagnon peuvent désormais se consacrer pleinement à leur chatte au caractère doux. En effet, quand les deux chiens ne sont pas dans les parages, Bijou est affectueuse et se laisse approcher sans difficulté par des inconnus. Le caractère de Bijou est donc très sociable, ce qui va aider naturellement pour la suite de cette mission de la dernière chance.

Les pipis de Bijou empestent encore l'appartement. Ils sont le signe évident du grand stress de la chatte provoqué par les 6 derniers mois de courses des deux petits chiens. Elle marque ainsi son territoire et s'affirme là où les chiens lui ont disputé sa présence. Le travail consiste à permettre à Bijou de circuler désormais en paix sans risquer à tout instant la course harassante de Tom ou Blizzard. Quand elle aura compris qu'elle peut se déplacer en totale sécurité et en toute tranquillité, elle retrouvera progressivement sa confiance dans cet appartement qui était auparavant une zone 100% sûre. Une fois cette confiance retrouvée, elle n'éprouvera plus le besoin de marquer son territoire.

Une autoroute à chat personnelle pour Bijou

L'étape suivante consiste à installer une série d'étagères

entre la cuisine, le salon et la grande baie vitrée du salon. Enfin un hamac à ventouses a été disposé sur cette baie vitrée. Depuis cette position privilégiée, la vue sur le voisinage offre une animation permanente à Bijou.

Le premier jour, la chatte n'a pas osé quitter son poste au-dessus du réfrigérateur pour sauter sur la première étagère toute proche. Le couple a, friandises à la main, invité en douceur Bijou à passer d'étagère en étagère. Du haut du réfrigérateur jusqu'au hamac, Bijou a compris en une après-midi qu'elle pouvait circuler d'une pièce à l'autre sans que les deux chiens ne puissent l'atteindre. Cette installation a permis de rassurer la siamoise.

Grâce au travail persévérant et quotidien du propriétaire des chiens, ceux-ci n'aboyaient plus impulsivement sur Bijou en l'apercevant perchée sur le hamac ou sur les étagères. Paradoxalement, les pipis intempestifs moins nombreux ont perduré dans le salon. Il manquait une dernière étape. Est-ce que Bijou allait réagir favorablement ?

A quelques pas de l'entrée où sa grande litière était installée, Bijou exprimait une gêne profonde. Il est vrai que pendant 6 mois, Bijou avait été pourchassée par les chiens Tom et Blizzard à chacun de ses déplacements.

Nous devions convaincre Bijou qu'elle était désormais en mesure de descendre sur le tapis du salon et de se rendre dans l'entrée jusqu'à sa litière sans jamais se faire surprendre par les chiens. Lui proposer tous les jours une à deux séances a permis de la convaincre que c'était sans risque.

Chaque matin et chaque soir, Véronique et son compagnon s'asseyaient sur le tapis du salon. Les chiens Tom et Blizzard étaient assis face au compagnon de Véronique tandis que celle-ci entourait Bijou de ses bras, installée entre les jambes de sa maîtresse. A chaque fois que l'un des chiens regardait d'une manière trop appuyée Bijou, le compagnon de Véronique appelait son chien et lui demandait d'exécuter un ordre pour qu'il concentre son attention exclusivement sur lui.

Le calme entre chatte et chiens était revenu

L'attitude de Bijou était très intéressante à observer pendant ces séances. Du fait de son caractère doux et d'une réaction non excessive face aux aboiements pendant ces derniers mois, cette chatte avait démontré qu'elle maîtrisait ses émotions avec un certain calme. Durant ces séances, elle ne tentait pas de s'enfuir éperdument des bras protecteurs de sa maîtresse. Elle savait pertinemment qu'elle pouvait atteindre la première étagère en moins d'une seconde en un bond dont seuls les félins ont le secret et l'agilité nécessaire. Son regard allait des chiens Tom et Blizzard aux étagères, tout doucement, l'oreille droite tournée pour guetter la moindre information de son environnement.

Le compagnon de Véronique parlait aux chiens pour conserver leur attention. Bijou avait jugé la situation suffisamment sécurisante pour ne plus bouger de sa position, à un mètre d'eux. La mission de la dernière chance avait fonctionné !

Amusant de voir un jeune couple crier de joie au premier pipi de Bijou dans sa litière ! Cette habitude abandonnée depuis des mois était enfin revenue. Quel soulagement et quelle victoire sur toute la ligne.

La durée de toutes ces opérations (6 semaines pour Bijou) peut être plus longue si le chat est de nature anxieuse. La persévérance et la patience sont nécessaires même si l'énervement peut vous guetter tant les pipis de chats sont un fléau et les aboiements de deux chiens peuvent irriter.

Troisième Partie – Comment choisir un nouveau compagnon

Comment choisir un chat ou un chien ? Vous embrassez une belle aventure de vie, félicitations ! Votre cœur a parlé ;)

La raison vous apporte maintenant une série de questions : comment choisir ce chat ou ce chien ? Quel chat quand on a déjà un chien et vice-versa ?

Laissez-nous vous guider dans ce choix qui allie des considérations très pratiques et les échos de votre amour des animaux.

1) Conseils pour votre projet de cohabitation

Peut-on évaluer la faisabilité d'une cohabitation chien/chat ? C'est difficile ! Cependant, il vaut toujours la peine de se poser au moins cette question : mon chien ou mon chat peut-il vivre avec un chat ou un chien ?

C'est une question cruciale qui prouve que vous ne pensez pas seulement à satisfaire votre envie d'avoir un autre animal chez vous et que vous tenez compte de l'animal qui vit déjà auprès de vous. C'est délicat d'y réfléchir. Vous n'êtes pas égoïste lorsque vous adoptez un chat ou un chien en sachant qu'il pourrait y avoir un risque. Le risque zéro n'existe pas ! Ce projet mérite tout de même d'être mûrement réfléchi.

En gardant à l'esprit que chaque chien et chaque chat est un individu unique qui a sa propre personnalité, nous allons passer en revue les principaux éléments généralement très peu favorables à une cohabitation paisible.

- **Une grande différence d'âge.** C'est un vrai facteur de risque pour tous les professionnels que Morgan et moi-même avons l'habitude de lire depuis des années. Il est rarement judicieux d'adopter un chaton lorsque l'on a un chien âgé ou d'adopter un chiot avec un chat âgé. Les animaux qui entament les derniers chapitres de leur vie sont, le plus souvent, moins patients avec les « jeunes foufous». Le risque d'agression est généralement plus élevé. En outre, une importante différence d'âge exige beaucoup plus d'engagement et de disponibilité de votre part. D'un côté, vous avez un animal qui entre dans une période de sa vie où il a besoin de soins, d'un traitement, ou simplement de plus d'attention. De l'autre côté, vous avez un animal qui n'a pas encore appris à vivre avec vous, à bien se comporter, qui a beaucoup d'énergie et se contrôle peu, qui doit apprendre à être propre, entre autres choses.

- **Sous-estimer le temps libre nécessaire pour s'occuper d'un chien.** Qu'il soit jeune ou adulte, un chien demande toujours beaucoup de disponibilité pour pouvoir combler ses besoins au quotidien. Tandis que des chiens ont besoin d'un minimum d'une heure d'activité physique par jour, d'autres ont besoin d'un minimum de deux à trois heures. Certains sont heureux de marcher. D'autres ont viscéralement besoin de courir. Si vous n'avez que peu de disponibilités, votre chien ne peut pas libérer son énergie quotidiennement par de longues promenades avec vous et ne peut donc probablement pas non plus être suffisamment stimulé par des interactions avec vous (que ce soient des jeux, des apprentissages ou du simple bon temps en votre présence). Vous aurez toutes les peines du monde à le faire cohabiter en paix avec un chat. De très nombreux problèmes avec le chien, en général, se règlent assez facilement lorsqu'il est suffisamment fatigué, physiquement et « mentalement ». Il faut beaucoup occuper un chien. C'est un animal qui ne s'occupe pas tout seul.

- **Ne pas consacrer assez de temps à son chat pour jouer.** Morgan insiste sur le besoin fondamental du chat de jouer, il assouvit son instinct de chasseur, même si c'est un chat d'appartement qui ne sort jamais (cf *Jouer efficacement avec un chat*). Donnez-lui du temps aussi pour le câliner, le brosser, etc.

- **Avoir un chien ou un chat agressif.** C'est un facteur de risque considérable. Il n'est pas judicieux d'adopter un autre animal lorsque vous avez un chat qui a l'habitude de rediriger son agression sur vous, par exemple en vous attrapant la main quand vous le caressez ou qui sort les griffes dès qu'il veut quitter vos bras. Il en va de même pour un chien qui grogne quand vous vous approchez de son panier ou qui a fréquemment des réactions préoccupantes. On peut s'habituer à ce genre de comportements et donc ne pas en tenir compte. On peut aussi se dire que ce n'est pas grave lorsque l'agression ne se produit que dans un ou deux contextes isolés. Mais il vaut bien mieux consulter un professionnel pour tenter de solutionner un problème d'agression quel qu'il soit, AVANT d'envisager d'adopter un autre animal !

A vous d'évaluer les facteurs de risque pour votre chien ou chat et de faire preuve de discernement. Ici, nous vous avons présenté les éléments communs à l'ensemble des animaux.

2) Choisir un chat quand on a déjà un chien

« Mon chien que j'aime, tu vas rire, je vais adopter un chat, tu vas l'adorer... ».

Morgan va vous donner plusieurs clés pour faciliter le choix du chat qui va vivre avec le chien habitant chez vous déjà. Il va vous parler de l'âge requis du chat, des races connues pour leur caractère compatible, du lieu où trouver les bons candidats et des critères indispensables au choix final.

Mais auparavant, Morgan vous invite à vous poser la question suivante :

Pourquoi un chat avec un chien ?

Plusieurs raisons peuvent faire naître dans votre esprit l'idée d'adopter un chat quand on a déjà un chien.

Premier cas : vous ne connaissez pas du tout les chats et avez entendu les bienfaits de leur compagnie. Les chats ne sautent pas de joie quand vous arrivez le soir ou jouez avec eux. Ils expriment d'une autre manière leurs sentiments, leur bonheur d'être avec vous, leur plaisir intense de vos caresses, leur soi-disant distance. Mais je vous l'assure, les chats vont vous apprendre leur manière de communiquer sans que vous ne vous en rendiez compte. Inconsciemment, vous allez percevoir dans leurs yeux et leur comportement autour de vous le bonheur qu'ils ressentent de vivre avec vous. C'est une expérience de vie unique.

Deuxième cas : vous avez toujours connu des chats chez vous durant votre enfance et souhaitez faire profiter à votre chien de la très riche compagnie d'un félin.

Troisième cas : Vous avez une belle relation avec votre chien et vous voulez enrichir votre vie d'une relation différente à un animal différent.

Comment votre chien va-t-il vivre cette cohabitation ? Outre la phase de découverte et d'ajustements à la vie commune, chien et chat peuvent apprécier la compagnie de l'autre. La capacité à socialiser et à s'adapter à l'autre dépend du caractère et de la personnalité de l'animal, de son environnement et de son éducation …

A quel âge choisir le chat candidat à la cohabitation ?

Si vous avez le choix de l'âge du chat, choisissez-le très jeune : 3 mois est le strict minimum le temps du sevrage. A mon avis, pour donner un maximum d'éducation au chaton, la période de 6 mois me semble idéale. La maman aura mené jusqu'au bout tous les rudiments d'une bonne éducation, notamment la vie en communauté ou le jeu avec contrôle de l'agressivité. Il poursuivra sa croissance et son apprentissage dans l'environnement du chien (odeurs, aboiements, habitudes du chien, etc.). Dans ces conditions, le signal est au vert pour réussir la cohabitation après un travail d'éducation avec un chien. Le chaton approchera sans peur son camarade de jeux.

Avant de vous guider dans le choix d'un chaton qui n'est pas de race, abordons le sujet des races reconnues comme favorables à la cohabitation avec un chien.

Existe-t-il des races de chats reconnues pour cohabiter avec un chien ?

Si vous craquez pour un chat de race alors vous augmentez considérablement vos chances de réussir la cohabitation chien-chat. En effet, les chats de race partagent des traits de caractère tandis que les chats dits « de gouttière » (croisés multi-races, pour la plupart à base de chat européen [european shorthair]) ont chacun un caractère unique. Les chats de gouttière sont donc plus imprévisibles pour cohabiter avec un chien. La relation entre le chat de gouttière et le chien est possible bien sûr mais il est plus difficile de la prévoir.

Pour identifier un chat de race, un seul organisme associatif est habilité à recenser tout félin de race né en France. Cet organisme s'appelle le LOOF [Livre Officiel des

Origines Félines]. Cette unique entité officielle nous informe sur la généalogie de tous les chats de race recensés.

Avec l'aide du LOOF et certaines associations de chats de race, je vous propose une liste de races de chats reconnues pour leur caractère sociable avec d'autres animaux :

- American shorthair & Americain wirehair

- Angora turc

- Australian mist

- Bengal

- Bobtail américain

- British longhair & British shorthair

- Cornish rex

- Européen (il ressemble à beaucoup de chats de gouttière car il est l'un des chats les plus anciens d'Europe. Depuis le 11° siècle, il a « essaimé » le vieux continent.)

- Exotic shorthair

- Maine Coon

- Mandarin

- Norvégien

- Persan

- Pixie-bob

- Scottish fold

- Selkirk rex

- Somali

Attention, cette liste n'est pas exhaustive.

Cette liste ne signifie pas non plus que faire cohabiter un chat d'une de ces races avec votre chien va fonctionner automatiquement sans travail préalable.

L'observation de ces races sur plusieurs décennies a permis d'établir l'aptitude à la cohabitation avec d'autres animaux. Alors vous pourriez bien mettre plus de chances de votre côté en choisissant l'une d'elles.

A l'opposé, parce que le caractère de chaque chat de gouttière est radicalement différent, il est plus difficile de savoir à l'avance si la cohabitation entre un chat de gouttière et un chien peut réussir.

Chaque animal est le produit de son environnement alors il est possible qu'un chat de gouttière ou d'une race moins apte à cohabiter, vive en paix avec votre chien.

Pour trouver un chat de race, adressez-vous à des éleveurs reconnus. Ils doivent vous fournir tous les documents vétérinaires et du LOOF attestant la race. Cependant cela représente un budget de plusieurs centaines d'euros au minimum.

Si vous n'allez pas acheter un chaton de race chez un éleveur, il reste de charmants chats de gouttière qui n'attendent que vous.

Où trouver un chat de gouttière pour vivre avec votre chien ?

Les refuges sont d'excellents endroits pour obtenir un panel de candidats susceptibles de vous satisfaire. De plus, les responsables de refuges ont eu le temps de bien connaître les caractères et habitudes des chats. Je vais vous donner tous les renseignements à demander.

Chez des particuliers souhaitant donner leur chat ou chaton, vous aurez autant d'informations précieuses sur le caractère des parents du chaton ou sur le chat adulte.

C'est mon critère personnel pour choisir les donateurs de chats. Les plus intéressés par les chats sont ceux qui les connaissent bien. Une simple discussion avec eux vous suffit à déterminer si les chats ou chatons en attente de famille d'accueil ont eu un environnement adéquat. Si chez ces particuliers, l'habitude est de faire cohabiter chiens et chats alors les chatons et chats adultes sont à la très bonne école. C'est ce que je vous recommande vivement !

Comme je vous l'ai déjà indiqué sur laVieDesChats.com (« Avant et après la naissance du chaton : les secrets révélés »), c'est entre 2 et 8 semaines qu'un chaton apprend la socialisation au contact de ses frères et sœurs et qu'il s'habitue aussi aux « races amies ».

Mais cela n'empêche pas d'apprendre à un chat, qui n'a jamais connu de chien vivant sur SON territoire, à cohabiter. Dans ce cas, ce sera probablement plus difficile pour vous et plus long. Par conséquent, demandez-vous maintenant si vous êtes prêt à voir votre patience et votre persévérance mises à rude épreuve pendant des semaines et des mois, voire des années dans des situations très complexes… Je ne veux pas vous effrayer mais je souhaite rester franc et réaliste. Le hasard de la vie peut amener chez vous un chat et un chien aux caractères volcaniques et à l'histoire traumatique. Vous seriez alors dans une situation de cohabitation très difficile. Il faut bien se connaître pour savoir si on est en mesure de s'investir dans une gestion du quotidien qui peut demander beaucoup de compromis.

Comment choisir un chaton ou un chat adulte ?

Vous allez beaucoup questionner sur le passé de votre chat. Plus vous en apprendrez, plus vous saurez adapter la méthode des premières rencontres avec votre chien (cf. *Comment faire se rencontrer votre chat et votre chien*).

Les seuls indices qui peuvent nous donner une tendance, ce sont d'abord les 6 premiers mois de vie du chat. Etant donné le programme d'éducation du chaton par sa maman, plus la période de vie avec sa maman aura été longue (entre 3 et 6 mois au minimum), meilleure sera la cohabitation à venir.

L'environnement dans lequel le chat a vécu durant ses premières années est aussi un élément déterminant. Plus il a d'espace et plus son existence aura été stimulante physiquement comme physiologiquement. Quand un chat joue ou chasse beaucoup, il assouvit son besoin génétique de chasseur avec une grande satisfaction.

Si vous habitez à la campagne, prenez un chaton qui connaît déjà ce style d'environnement. Si vos chats sont destinés à vivre exclusivement dans un appartement, choisissez un chaton qui n'a jamais connu l'extérieur.

La fréquence à laquelle il a côtoyé des inconnus (visite de votre famille, d'amis, de visiteurs occasionnels, ...) et d'autres animaux (chiens, chevaux, oiseaux, ...) est aussi importante. Plus ce chat a été habitué à vivre avec d'autres animaux et un grand nombre de personnes, plus il affiche ses avantages à devenir un bon compagnon pour votre chien.

Si par chance, vous récupérez un document vétérinaire vous informant des vaccins ou stérilisation alors votre enquête sera complète.

Cas concret : le choix d'un chaton

Quand j'ai choisi mes deux chats, deux frères prénommés Wifi et Garfield, je les ai observés longuement. Installés dans le garage d'une famille qui aime et connaît les chats, ils trottaient autour de leur mère. Je me suis accroupi au centre et n'ai plus bougé. Le plus téméraire de la fratrie est arrivé aussitôt me renifler la main, à la fois pour m'identifier et demander visiblement de l'attention. J'avais déjà choisi mon Wifi. Ses frères et sœurs sont venus ensuite plus timidement. Mais aucun n'avait la même robe tigrée que mon wifi. Un peu déçu, je regarde plus attentivement dans la pénombre du garage. Et soudain, je devine sous une armoire la silhouette d'un chaton. Je décide de l'appeler, je m'approche et tends ma main vers lui sous le meuble. Il ose enfin sortir de sa cachette. Il est magnifique, un peu plus costaud que Wifi et il a surtout la même robe tigrée. J'ai trouvé mon Garfield. J'avais enfin mes deux chats.

C'est grâce à Garfield que je peux expliquer sur laVieDesChats.com qu'il est possible de rassurer un chat peureux de nature. Il faut juste beaucoup de persévérance et de patience...

Choix du chat adulte

Dans un refuge, il est rare d'obtenir beaucoup d'informations sur la provenance des pensionnaires. En effet, les bénévoles recueillent une grande part de chats abandonnés dont il est impossible de connaître le passé.

Demandez tout de même quel est son caractère. Quelles sont ses habitudes ? Ses activités ou lieux préférés ? A-t-il des préférences pour une certaine nourriture ? De quelle manière il se comporte avec ses congénères ? Est-il craintif, frondeur, dominant, joueur, etc. ?

Premier contact avec le chat qui vous plaît

Qu'il s'agisse d'un chaton venant spontanément vers vous ou d'un chat un peu timide, immobile dans la cage d'un refuge, le premier contact n'est pas forcément évident.

A un chaton ou un chat adulte qui ne vous connaît pas, présentez-vous de cette manière. Dans un premier temps, vos doigts toucheront un montant de vos lunettes ou l'arrière de votre oreille. Dans un deuxième temps, vous lui permettez de renifler l'odeur de vos doigts. Il s'agit d'un échange d'odeurs similaire à ce que je vous explique à propos des phéromones sur laVieDesChats.com. Cette présentation est en total respect du chat. Vous ne le prenez pas d'emblée dans les bras, vous restez à une distance de sécurité qui convient à son mode de fonctionnement et enfin, vous présentez votre identité olfactive comme deux chats inconnus le font.

Si c'est un chaton, mettez votre main pour vous apprêter à le soulever. A ce moment, soulevez-le très doucement, centimètre par centimètre. Dans la majorité des cas, il ne dit rien. Continuez votre observation en le prenant dans vos bras.

S'il manifeste un refus en s'agitant ou en tentant de vous mordre, ne vous formalisez pas. Soit il n'est pas habitué à être manipulé, soit une ancienne blessure se réveille quand vous le touchez sur cette partie du corps. N'insistez pas et observez-le en lui offrant de douces caresses s'il n'y voit pas d'inconvénient.

Vous vous présentez au chat adulte

Pour un chat adulte, tendez la main pour qu'il la sente. S'il ne feule pas ou n'exprime aucune opposition, proposez une première caresse avec une douceur extrême, une caresse brève. S'il n'y a pas de refus, caressez-le pleinement et de plus en plus. Au moindre signe négatif, stoppez les caresses. S'il apprécie, offrez-lui plusieurs minutes de câlins et de mots doux. Même s'il ne les comprend pas, il saisit très bien votre intention. C'est un premier petit bonheur que vous partagez en toute intimité ;)

Observez maintenant son aspect. Commencez par les yeux. Ils ne sont pas larmoyants, ils sont clairs et très propres. Le nez ne coule pas.

Parmi les signes apparents d'une bonne santé, ses poils sont très réguliers, luisants et doux au toucher. Même si son pelage présente quelques irrégularités, quelques jours chez vous dans un environnement douillet et plein d'amour lui permettront de retrouver son pelage de champion.

Sous sa queue, il n'y a pas de ver apparent ni dans la litière (petite masse blanche en général). Le cas échéant, un simple traitement suffira.

Avant de l'accueillir chez vous, je vous recommande une première auscultation chez un vétérinaire sur le chemin du retour. Il est primordial de connaître l'état de santé de votre nouveau compagnon. L'immunodéficience est un risque fréquent parmi les maladies majeures.

Notez toutes les informations que le vétérinaire vous donnera après cette première auscultation déterminante. Vous ramènerez chez vous son carnet de vaccinations et son traitement antiparasitaire.

3) Attention à ne pas délaisser votre chat quand vous adoptez un chien

Vous vivez déjà avec un chat et vous décidez d'adopter un chien, Morgan va maintenant vous expliquer pourquoi il est primordial d'accorder autant d'attention à votre félin qu'à votre chien.

Parmi les conséquences à redouter, dans le meilleur des cas, la distance entre vous et votre chat va grandir, vous perdrez une certaine part de complicité. Dans le pire des cas, votre chat sera dans un tel désarroi, démuni face à ce qu'il considère comme une menace, qu'il envisagera à court terme l'exil. Il vous quittera.

Si vous prêtez l'attention nécessaire à votre chat pendant que vous éduquez votre chien, vous proposerez à votre chat un mode de communication et de nouvelles habitudes de vie afin de réussir la cohabitation entre vos compagnons.

Pourquoi s'occuper autant du chat à l'arrivée du chien ?

Pour vous aider à comprendre pourquoi il est très important de ne pas délaisser votre chat pendant que vous éduquez votre chien, laissez-moi vous raconter l'histoire du beau Macaron. Ce beau chat, amoureux de sa maîtresse, était enchanté du bonheur des jolis moments privilégiés qu'ils partageaient ensemble tous les jours. Mais comme un orage en montagne, l'arrivée d'un chien sur son territoire prend par surprise un chat et rend l'atmosphère irrespirable. Des sentiments sombres ravagent alors son esprit au point qu'il envisage même l'exil vers un autre territoire plus sécurisé.

Quand la vie de Macaron bascula

Macaron se souvient très bien de ce moment où sa vie routinière et heureuse a basculé. Ce matin-là, sa maîtresse chantonnait comme cela lui prend parfois. Mais les intonations de sa voix trahissaient une excitation plus forte que d'habitude. Macaron comprit alors qu'un événement exceptionnel se préparait.

Macaron observait des oiseaux et il était heureux.

Juste avant de demander à sortir par la porte-fenêtre de la cuisine pour accéder au jardin, Macaron se fige ! Il vient de détecter une odeur violente !

Son instinct est infaillible : l'alerte au prédateur ! Un chien est entré dans la maison, a violé SON territoire !

Dans la seconde qui suit cette alerte rouge, ses poils se hérissent, ses pupilles se dilatent, ses oreilles sont en alerte maximale, son flair lui confirme la présence d'un chien !

Voilà que sa maîtresse pénètre dans le salon, jouxtant la cuisine, avec un jeune chien aux grandes oreilles. Sa maîtresse a eu la délicatesse de le maintenir en laisse. Elle s'assoit dans le canapé, demandant au chien de s'assoir aussi près d'elle.

« Assis Camel, assis ... Je ne veux pas que tu fasses peur à Macaron, il ne te connaît pas encore.»

Le plan d'urgence à l'arrivée du chien

Macaron a déjà appliqué son plan d'urgence face à la menace majeure. Il se perche en haut du placard de la cuisine d'où il peut observer à loisir l'intrus.

Le chien s'est assis mais n'a d'yeux que pour Macaron.

Le regard du chien exprime une curiosité débordante, sa maîtresse semble reconnaître dans son attitude et son regard une très grande envie de jouer avec fougue avec le chat. Elle sait qu'il ne faut pas laisser le chien essayer de se présenter de lui-même au chat Macaron, la situation inquiéterait au plus haut point son chat.

Et si le chien avait débarqué en toute liberté ?

Imaginons maintenant un autre scénario. Si sa maîtresse n'avait pas maintenu en laisse le chien à son arrivée et si elle ne lui avait pas appris un premier ordre « assis », Macaron aurait connu alors un grand moment de stress. Le chien aurait couru jusque dans la cuisine, à la recherche du chat que son flair avait repéré dès son entrée dans l'appartement. Macaron, poils hérissés et feulant comme jamais, bloqué sous l'évier, sans aucune issue possible dans le jardin ou sur le haut du meuble de cuisine, aurait réagi par pure panique.

Il aurait miaulé à déchirer les oreilles de sa maîtresse, il aurait griffé à plusieurs reprises la zone sensible du jeune chien, à savoir son museau et ses yeux. Le jeune setter, motivé seulement par la rencontre avec un nouveau camarade de jeu, aurait pu être blessé sérieusement. Le chien aurait battu en retraite, gémissant de douleur. Macaron aurait, grâce à cette légitime défense, entrevu une issue se dégageant : le haut du meuble de cuisine.

A la différence de la première situation beaucoup plus calme et mieux maîtrisée, les conditions de cette hypothèse auraient stressé au maximum le chat Macaron. Même d'un caractère doux et stable, ce chat aurait dû gérer cette situation nouvelle et grave : « je ne suis plus en sécurité sur MON territoire, un prédateur y circule en liberté et parvient à me surprendre, au point de m'empêcher toute fuite. ». Sa décision aurait pu être l'exil, une échappée sans retour.

Votre chat est-il apte à gérer ses émotions ?

Vous percevez, je pense, la très grande émotion que doit gérer un chat quand un chien fait une incursion sur SON territoire. Comme je le développe sur laVieDesChats.com et dans mes différents livres, le chat est un animal territorial. Il doit pouvoir jouir en exclusivité d'une zone sur laquelle, même si vous lui donnez sa gamelle quotidienne, il régnera en maître comme ses ancêtres le faisaient pour la chasse et la reproduction.

Voilà pourquoi, à l'arrivée d'un chien chez vous, il faut prêter encore plus d'attention que d'habitude à votre chat. En plus de l'éducation indispensable du chien, vous devez tout faire pour rassurer votre chat. Le travail sera de l'accompagner dans les rencontres avec le chien.

4) Des problèmes insoupçonnés

Quand vous adoptez un chien après avoir vécu avec un chat, le chien vous accapare tellement que le chat est souvent mis entre parenthèses. Les ennuis commencent sans que vous ne compreniez pourquoi. A travers deux histoires vraies, Laetitia vous met en garde contre des phénomènes fréquents, qui peuvent générer des problèmes alors qu'il n'y en avait pas au départ.

Tanguy et Loulou : quand on oublie son chat !

Une de mes amies a adopté un chien de compagnie type caniche alors qu'elle avait un chat depuis 4 ans. C'est un chat à poils longs qu'elle brossait tous les jours. Elle lui donnait parfois des compléments alimentaires. Il lui arrivait de préparer ses repas elle-même. Ce chat heureux qui s'appelle Loulou menait alors une vie de rêve et toute l'attention de sa maîtresse était exclusivement tournée vers lui.

Elle jouait avec Loulou au moins une fois par jour. Je me souviens, à l'époque où j'allais de temps en temps passer le week-end chez elle, m'être dit qu'elle était complètement dingue de son chat ! Bon, c'est vrai qu'il était vraiment magnifique et en plus, extrêmement affectueux. J'ai déménagé et, quelques années plus tard, j'ai pu à nouveau passer un week-end chez elle. Alors là, tout avait radicalement changé...

Loulou passait le plus clair de son temps à faire la potiche assis sur la table, le bureau, les étagères. Il ne descendait que rarement. Alors que j'avais dormi avec lui dans la chambre d'amis quelques années auparavant, Loulou n'était même pas venu me renifler de tout le week-end. Désormais, il mangeait des croquettes, certes de haute qualité mais fini la pâtée maison à l'huile de saumon. Mon amie n'avait pas de problèmes d'argent qui l'auraient obligée à se restreindre quant aux achats pour ses animaux. Terminé aussi le brossage quotidien et les jeux. Elle avait un petit meuble à tiroirs et, dans le tiroir du haut, se trouvaient les jouets des animaux : 12 jouets pour le chien (j'ai compté discrètement) et 2 jouets pour Loulou.

J'ai fini par lâcher : « bah dis-donc... il n'a pas beaucoup de jouets Loulou ». Elle m'a répondu : « Loulou ne veut plus jouer ».

Un peu plus tard, en la voyant verser des croquettes dans la gamelle du chat, j'ai dit : « ah, tu ne lui prépares plus sa popote maison ? ». Elle m'a répondu : « Je ne donne rien à Tanguy ; je ne donne rien à Loulou ».

Et le dimanche matin, en la voyant sortir de sa chambre avec son chien qui la suivait, je lui ai demandé où dormait Loulou. Un peu embarrassée, elle a bafouillé : « oui... non... euh... mais... il préfère dormir dans le salon maintenant ».

L'histoire de Tanguy et Loulou illustre bien 3 problèmes que je constate assez souvent chez les gens qui accueillent un chien après un chat :

- **On pense que le chat ne « veut » plus faire certaines choses** notamment jouer mais en réalité, il suffit de s'isoler dans une pièce avec lui pour qu'il soit plus à l'aise et puisse s'agiter librement sans risquer de faire réagir le chien. Car c'est bien souvent la véritable raison pour laquelle le chat ne joue plus : il est sur ses gardes. N'oubliez pas qu'avec le chat, il faut initier le jeu et proposer des activités. Tandis que les chiens expriment plus clairement leur envie de jouer, les chats peuvent nous paraître plus discrets. En manque d'activités, les chats développent des comportements préoccupants. Certains deviennent agressifs et d'autres, comme Loulou, deviennent apathiques.

- **Par souci de justesse et d'équité, on peut se montrer totalement injuste :** vos animaux sont des spécimens uniques d'espèces différentes qui n'ont pas les mêmes besoins ni les mêmes attentes. C'est en essayant de les traiter toujours de la même façon que vous risquez d'être le plus injuste ! N'oubliez pas qu'ils ne peuvent pas être traités exactement de la même manière 24 heures sur 24. Ce n'est pas parce que Tanguy n'a pas besoin d'huile de je ne sais quoi qu'il ne faut plus rien donner à Loulou ! Changer trop d'habitudes de votre chat, surtout du jour au lendemain, ne l'aide pas du tout pas à s'adapter à votre chien.

- **En termes de manifestation d'affection, le comportement du chien comble** certaines personnes. Elles découvrent, subitement, selon la race du chien et son tempérament, un animal particulièrement « démonstratif ». Cela dépend de notre perception personnelle de la démonstration d'affection mais le chien peut vous donner l'impression d'être tout à coup très important parce qu'il est en demande quasi permanente. Contrairement au chat, il a besoin de vous pour tout : manger, faire ses besoins, s'amuser... Alors, on aime toujours son chat mais on peut retirer une telle satisfaction personnelle avec ce qu'apporte le chien que l'on délaisse le félin. Je l'ai vu se produire plus d'une fois. C'est totalement inconscient chez la plupart des gens. N'oubliez pas que votre chat a autant besoin de votre affection : il la demande différemment. Mon amie a découvert le chien pour la première fois de sa vie avec Tanguy et elle a trouvé plus facile d'obtenir sa dose d'affection quotidienne. Nous ignorons ce qui se passe exactement dans la tête d'un chat mais nul doute, vu son attitude léthargique et distante, que Loulou a souffert de cette situation.

Atari et Mikado : quand on sévit trop souvent pour garantir la sécurité !

Atari est un chien croisé berger allemand arrivé chez ses maîtres à l'âge de 7 mois alors que leur chat Mikado vivait avec eux depuis 5 ans. C'est un jeune couple qui vit dans un petit appartement. Ils se sont lancés dans un riche programme d'éducation pour ce chien au passé chargé grâce à mon livre *La Méthode Bon Chien*. Je les ai coachés pendant plus de 6 mois.

Malheureusement, tout en essayant de ne jamais s'énerver avec Atari afin de ne pas le rendre agressif, ils ont sévi... avec Mikado ! Ils n'ont pas crié sur lui, ni violenté leur chat mais, comme celui-ci n'avait pas du tout peur du chien, ils essayaient tout le temps de l'empêcher de s'approcher de trop près, avec des « Mikado ! Non ! », « Mikado ! Hop hop hop ! », des gestes pour le repousser et des « pssssssht » pour le faire détaler.

En faisant cela, ils ont empêché leur chat et leur chien de faire connaissance. En effet, sur les vidéos qu'ils m'ont envoyées, je pouvais clairement voir qu'Atari n'envoyait aucun signal d'apaisement ni de menace, c'est-à-dire que le chat pouvait s'approcher assez près du chien ; celui-ci envoyait des signaux clairs signifiant : « je te permets de t'approcher ».

Je comprends parfaitement cette peur que nous avons de la proximité mais, si ni le chat ni le chien ne manifeste un refus, c'est qu'il n'y a pas de tension.

Dans ce cas, les empêcher de communiquer peut ralentir le processus d'adaptation. En faisant peur à Mikado, ses propriétaires ont brouillé la communication entre lui et Atari. Le chat s'est même mis à envoyer des signaux de peur qu'il n'envoyait pas au départ.

Mikado était également quotidiennement repoussé lorsqu'il voulait monter sur les genoux de sa maîtresse, assise devant la télévision. Elle avait peur qu'il ne passe trop près d'Atari pour rejoindre le canapé. Après quelques semaines et alors qu'il n'avait jamais réagi, Atari s'est mis à tourner la tête et le regard comme pour dire je ne veux pas de contact visuel avec toi.

En voulant protéger leur chat, ils ont en fait sévi avec lui, chose qu'ils ne faisaient jamais avant l'arrivée du chien. Ils ne l'ont pas aidé à prendre confiance en lui et ils ont généré une association négative dans la tête du chien : la proximité avec le chat est devenue synonyme de stress.

5) Choisir un chiot quand on a déjà un chat

Le comportement des chiens et des chats dépend de plusieurs paramètres. Les plus importants sont en lien avec leur environnement, par exemple : où vivent-ils, quelles expériences vivent-ils, avec qui vivent-ils ? Laetitia vous présente d'autres paramètres favorables. Ils ne garantissent pas la paix mais en s'ajoutant aux bonnes expériences vécues, ils permettent d'obtenir une situation plus propice à l'entente.

Nous allons voir ici uniquement la capacité d'un chiot à s'entendre avec un chat. Nous parlons de potentiels, pas de garanties :)

Le chiot « idéal »

Potentiellement, le chiot idéal est celui qui arrive chez vous à 8/9 semaines - et surtout pas avant (parce qu'il a encore des choses importantes à apprendre auprès de sa mère et sa fratrie). Ce chiot sait déjà qu'un chat n'est ni une menace, ni une proie. Il vous est alors plus facile de lui apprendre que *votre* chat ou chaton n'est pas à craindre, ni ne doit être pourchassé. Vous devrez absolument le lui apprendre dans tous les cas. C'est un processus qui doit commencer dès que votre chiot arrive chez vous.

Entre l'âge de 2 et 4 ou 5 mois, c'est une période sensible, très critique. Une mauvaise socialisation du chiot dans ses premiers mois de vie peut vous empêcher de bien lui apprendre certaines choses pour le restant de ses jours.

L'importance de la qualité de l'élevage

Comment un chiot peut-il savoir à 8/9 semaines qu'on ne doit ni pourchasser, ni avoir peur d'un chat ? La seule façon d'y parvenir, c'est d'être un éleveur hautement compétent.

Déjà, ce type d'éleveur a une bonne maman pour faire naître ses chiots, équilibrée, pas stressée pendant sa gestation, etc. Ensuite, il sait exactement ce qu'il fait quand il met ses chiots en contact avec un chat. Ce chat est adulte et très sociable avec les chiens. Généralement, les chiots ont 4 ou 5 semaines – mais ce n'est pas une science, il n'y a pas de règles strictes.

Ce chiot qui a grandi entre de bonnes mains a une

bonne aptitude à la socialisation. Ce paramètre clé détermine avec quelle facilité et jusqu'à quel point vous allez pouvoir rendre votre chiot sociable avec votre chat.

Seul un éleveur compétent parvient à tout faire comme il faut. Les personnes sans expérience commettent des erreurs parfois irréparables. Par exemple, un chiot de 6 semaines qui se fait agresser par un chat peut développer une peur des chats à vie. Va-t-il les éviter ou les menacer ? Toutes sortes de réactions sont possibles.

Aujourd'hui, de très nombreux chiens ont de mauvais départs dans la vie, ce qui nous donne toutes les peines du monde à les rendre sociables. Je ne saurais que trop vous conseiller de vous détourner des portées de particuliers et des animaleries. Choisissez un élevage réputé sérieux.

Certaines races de chiens ne sont pas idéales

Certains instincts, certaines caractéristiques physiques (ex : odorat) et dispositions comportementales peuvent permettre à un chiot d'apprendre plus facilement à être sociable avec un chat. Ceci dépend des races de chiens. Bien sûr, c'est loin d'être tout ce qui détermine le comportement d'un chien.

L'instinct de poursuite est sans doute la caractéristique la plus importante à prendre en compte parce que c'est ce qu'il y a de plus difficile à changer chez un chien. Cette pulsion est toujours en lien avec d'autres éléments pouvant influencer la facilité à socialiser un chiot avec des chats. Parmi ces éléments : la docilité. C'est l'aptitude à coopérer avec l'humain. Elle vient du fait qu'il y a des chiens reproduits pour ne travailler qu'avec nous et d'autres chiens destinés à travailler seuls ou presque.

Exemples avec des chiens de chasse

L'épagneul breton est un chien de chasse doté d'un puissant instinct de poursuite mais la chasse concernée requiert une complicité extrême avec le chasseur. On reproduit donc ce chien d'arrêt depuis des lustres pour qu'il soit apte à apprendre. Il n'est en revanche pas nécessaire qu'un Beagle soit docile parce que ce chien chasse en utilisant surtout ses capacités (vue, odorat, etc.). On n'attend pas qu'il coopère avec le chasseur comme le fait l'épagneul breton.

PS : « peu docile » ne signifie pas qu'un chien est bête mais plus difficile à motiver pour apprendre plein de choses dans de nombreux environnements. Dans notre monde d'humains, nous exigeons énormément de choses de la part des chiens. Certains ne sont pas faits pour vivre dans des milieux très contraignants où les chiens doivent apprendre à (liste non exhaustive) ne pas aboyer, rester seuls pendant des heures à ne rien faire, marcher en laisse, revenir au pied, faire leurs besoins ici et pas là, ne pas creuser, ne pas sauter, ne pas courir après les oiseaux, les vélos, les chats… !

Mieux vous comprenez l'utilisation d'une race (ce à quoi elle est destinée, par exemple tenir compagnie, chasser, garder…) et moins vous vous trompez de race de chien. Mon livre *Choisir une race de chien* (OuafMag.com) peut vous aider à mieux comprendre cet aspect crucial.

Tous les chiens possèdent un instinct de poursuite mais selon l'utilisation, cette pulsion varie de faible à très fort (pas de « niveau zéro»). Cette caractéristique majeure chez le chien peut souvent être contrôlée/atténuée car la race n'est pas le seul paramètre. Néanmoins, soyons réalistes : un chien fait pour détecter des petits mammifères en mouvement et les attraper ne devrait pas vivre dans un environnement grouillant de tentations irrésistibles en permanence.

Un chien reproduit depuis des siècles pour attraper des rats, des lapins ou des renards, n'a pas les mêmes dispositions comportementales qu'un chien sélectionné pour tenir compagnie. Un chien de compagnie peut pourchasser tout ce qui bouge mais toute la différence réside dans le fait que chez lui, ce n'est pas une pulsion viscérale.

Jack Russell ou bichon frisé (à titre d'exemple) : tous deux peuvent courir après votre chat. Mais, à votre avis, auquel de ces chiens il est potentiellement plus facile et rapide d'apprendre à ne plus le faire :

- à celui que l'on a voulu ultra-sensible au mouvement de petits animaux, énergique et physiquement taillé pour courir très vite ?

- ou à celui dont la tâche principale consiste à s'intéresser... à vous ?

Dans la mesure du possible, les professionnels déconseillent les chiens suivants pour une cohabitation avec un chat :

- Les terriers. Ce sont des chiens extrêmement persévérants. Beaucoup de gens disent « têtus » mais il faut comprendre que nous avons volontairement reproduit des chiens plus déterminés que d'autres ! C'est une caractéristique indispensable aux tâches qu'ils doivent accomplir et qui ne facilite pas la cohabitation. Mais surtout, dans l'ensemble, les terriers sont sélectionnés pour détecter les petits nuisibles et les courser jusque dans leurs galeries souterraines (certains chassent sous terre et sur terre). Pour faire cela, il faut aussi être un chien super courageux, c'est-à-dire que non seulement l'instinct de poursuite est puissant mais en plus, il n'est pas question d'hésiter (ni d'abandonner). En outre, ce sont des chiens agiles, pour la plupart physiquement parfaits pour se faufiler là où les chats se faufilent.

- Les chiens sélectionnés pour chasser à vue et courir très vite. Il s'agit surtout des lévriers. Plus globalement, si une race de chien vous intéresse et que vous voyez que son utilisation est la chasse au lapin ou au lièvre, le chien risque d'être naturellement très attiré par les chats et tout petit mammifère en mouvement. Les chiens courants (exemple : Basset Hound) peuvent utiliser leur odorat et sont, eux aussi, extrêmement tenaces et peu dociles (car ce n'est pas nécessaire à leur utilisation).

- Les chiens qui ne sont pas faits pour coopérer avec l'homme ou très peu et qui ont de très fortes pulsions de prédation tels que de nombreux chiens de type Spitz et de type dit « primitif ». Il y a d'importantes différences entre ces races mais elles sont globalement dotées d'un instinct de poursuite allant de fort à extra-fort.

- Certains chiens de berger ont de très fortes pulsions de « prédation » utiles au travail (après un dressage) : ils ne chassent pas et ne gardent pas de troupeaux pour certains, mais les mouvements des animaux les stimulent beaucoup.

Tous ces chiens ont de formidables qualités. Simplement, on peut dire qu'ils n'ont pas le meilleur potentiel pour vivre en paix avec un chat.

Si le choix s'offre à vous, choisissez un chien d'une race qui n'a pas de puissant instinct de poursuite ou si celui-ci est fort, assurez-vous de choisir une race faite pour apprendre et coopérer avec l'humain. La sécurité de votre chat sera potentiellement plus facile à assurer.

Existe-t-il des races de chien pour les chats ?

Hormis les races de chien dotées d'un instinct de poursuite exacerbé, ce qui représente un risque et non une fatalité, je crois qu'il n'y a pas de race de chien « parfaite » que l'on puisse choisir pour vivre avec un chat.

Ce qui compte le plus est votre capacité à combler les besoins de votre chien.

Et si vous avez des craintes, je dirais qu'un chien moins sportif est un chien éventuellement intéressant. Quelle que soit sa taille, un chien plus robuste de constitution (au squelette plus lourd) est un chien moins sportif ; par exemple, Mastiff, Bouvier Bernois pour les grands chiens, Bouledogue anglais pour les chiens plus petits. Ces chiens aux squelettes plus lourds peuvent être très actifs mais ils ne sont pas des athlètes de compétition. En quoi cela peut-il être intéressant ?

Si les promenades de votre chien peu sportif ont été temporairement raccourcies pendant deux ou trois jours (ce qui peut nous arriver à tous), vous pouvez compenser avec des jeux, diverses occupations, des apprentissages…Tout cela lui fait dépenser de l'énergie. Si votre chien sportif n'a pas pu courir pendant deux ou trois jours, rien ne compense le manque d'exercice. Lorsqu'un chien énergique ne peut plus libérer son énergie, il la libère comme il le peut, à nos yeux, il fait ce que l'on appelle des « bêtises ». En réalité, c'est un chien malheureux et frustré. Les risques augmentent alors pour le chat de la maison.

Le groupe n°9 de la Fédération Cynologique Internationale comprend les chiens sélectionnés pour tenir compagnie. Les autres chiens peuvent tenir compagnie, bien entendu, mais ce n'est pas leur utilisation principale. Les chiens de compagnie sont des races de chien vraiment très différentes les unes des autres. Mais, pour la plupart, ces chiens ont un instinct de poursuite moins prononcé et, s'ils aiment pourchasser, leur docilité vous aide à leur apprendre à ne pas le faire. Dans l'ensemble, ils sont relativement faciles à motiver pour apprendre toutes ces choses que nos chiens doivent apprendre, aujourd'hui, surtout en milieu urbain où les contraintes sont très nombreuses.

Si vous n'avez jamais eu de chien et que vous avez déjà un chat, ne rayez pas trop vite les chiens de compagnie de la liste des possibles. Il y a, toutefois, un paramètre à prendre en compte avec certains chiens de compagnie, pour la sécurité du chien cette fois-ci.

Certains de ces chiens sont plus fragiles de par leurs caractéristiques morphologiques et, comme ils sont petits, leur face est à portée de patte de chat. Un incident est vite arrivé dans un foyer où la tension règne. Il faut donc aussi penser que, parmi les chiens de compagnie, certains sont plus à risque en vivant avec des chats - sauf s'ils ont été socialisés depuis l'âge de 8 semaines avec un chat lui-même sociable.

Pour approfondir ce sujet, vous pouvez lire mon livre *Choisir une race de chien* (OuafMag.com).

6) Choisir un chien adulte pour vivre avec votre chat

Vous souhaitez avoir un chien et vous avez déjà un chat. Choisir un animal déjà adulte est une très bonne idée ! C'est aussi conseillé lorsque vous avez déjà un chien, idem pour tout autre mammifère. Pourquoi ? Quels sont les avantages ? Adopter un chien adulte ne vous exonère pas d'un possible long travail de socialisation et d'éducation. En revanche, certains chiens peuvent vous faciliter la tâche et c'est ce dont Laetitia va vous parler.

L'intrusion d'un chien sur son territoire, même pour un chat bien équilibré qui a l'habitude de voir des chiens tous les jours, est un traumatisme. Qu'est-ce qui pourrait vous rassurer un peu ? Principalement une chose : qu'il ne s'intéresse pas à vous !

Ce grand avantage pour votre chat, vous pouvez en bénéficier en adoptant un certain type de chien.

1-Son comportement avec les chats a été évalué par une personne expérimentée. Sans doute le chien relève-t-il un peu le museau pour sentir votre chat quand il se déplace non loin de lui mais il ne s'approche pas et n'essaie jamais de lui courir après. Peut-être même qu'il ne s'en préoccupe pas le moins du monde. Oui, des chiens adultes ne montrent aucun intérêt pour les chats (c'est le rêve pour un projet de cohabitation !). Peut-être que pendant les premiers jours, il se montre intéressé mais il comprend vite, quand votre chat fait le dos rond ou quand il prend de la distance, qu'il est en train de lui dire de ne pas s'approcher.

Ce type de chien a l'habitude des chats. Il a déjà vécu avec un chat ou plusieurs. Les refuges et les associations vous signalent ce type de chien avec différentes expressions. Les plus fréquentes sont : « ok chats », « testé chats ».

Mais attention, ce n'est pas parce qu'un chien s'entend très bien avec certains chats qu'il va s'entendre avec tous les chats sans exception. C'est un paramètre important qui peut faciliter la période d'adaptation mais ce n'est pas une garantie absolue de paix pour toujours et à jamais !

Quand on achète un chiot dans un élevage, il est judicieux d'éviter certaines races peu dociles et dont l'instinct de poursuite est très fort. Quand on adopte un chien adulte, c'est différent, parce que vous pouvez trouver des chiens de « races prédatrices » qui ont appris à vivre avec des chats.

Vous avez de grandes chances de trouver un chien habitué aux chats lorsqu'il a séjourné dans une famille d'accueil qui possède un ou plusieurs chats. Il est important d'observer le chien en présence du ou des chats chez sa famille d'accueil pendant quelques minutes et d'oser poser toutes les questions qui vous passent par la tête.

2-Le chien à l'adoption connaît les ordres de base. Incontestablement, c'est plus facile avec un chien déjà éduqué un minimum.

Il n'est jamais trop tard pour apprendre des ordres à un chien même si cela peut demander de nombreuses répétitions avec un chien adulte. Mais justement, cela demande du temps et il faut en apprendre plusieurs. Ces apprentissages font partie du bonheur d'avoir un chien et vous aident à construire une belle relation avec lui mais quand vous avez un chat à la maison, c'est un atout précieux que le chien connaisse déjà quelques ordres.

Avec un chien habitué aux chats et un peu éduqué, les choses peuvent évoluer plus vite dans le bon sens. Les ordres peuvent vous aider si un chien s'intéresse un peu trop à votre chat qui a besoin de plus de temps pour faire la différence entre les bonnes et mauvaises intentions.

Par exemple : pouvoir rappeler le chien à vous, pouvoir le faire assoir et attendre que le chat sorte d'une pièce, pouvoir lui dire « pas toucher » lorsqu'il veut s'approcher pour renifler le chat qui passe, risquant ainsi de le mettre mal à l'aise. Notez que si ce ne sont pas de bonnes intentions, il y a de bien meilleures choses à faire que donner des ordres (cf. *Empêcher un chien de se précipiter sur un chat*).

3-La puberté, c'est fini.

À l'adolescence, il n'est pas rare que les chiens changent de comportement même lorsqu'ils ont été bien socialisés et bien éduqués. Ce n'est pas systématique mais la puberté peut être un passage difficile. Avec un chien adulte, cette complication sera inexistante.

Si vous vous tournez vers un organisme sérieux, votre chien adopté sera déjà stérilisé. Chien ou chienne, la diminution des hormones sexuelles grâce à la stérilisation est un facteur très favorable à la cohabitation avec tout autre animal.

L'âge de la puberté dépend des races/types de chiens : environ 6 mois pour les chiens de petite taille, environ 10 à 12 mois pour les chiens de moyenne à grande taille et jusqu'à 18 mois environ. Morgan précise que chez les chats, l'âge moyen de la puberté observé est à 6 mois. Votre vétérinaire vous indiquera le moment le plus opportun de la stérilisation ou la castration du félin.

Les risques de l'adoption. Mon livre *Trouver, choisir et adopter un chien dans un refuge* vous intéressera si vous souhaitez vous familiariser avec l'univers de l'adoption afin d'éviter les pièges du parcours de l'adoptant.

L'univers de l'adoption est constitué de nombreux acteurs de confiance. Ce sont les refuges qui font partie de vastes réseaux à but non lucratif comme la SPA, 30 millions d'amis, la fondation Brigitte Bardot, etc., à titre d'exemple pour les organismes très connus en France. Il existe également de très nombreuses associations, parfois peu connues, qui font bien leur travail.

Je vous conseille de passer par un organisme réputé sérieux, de vous concentrer sur la recherche d'un chien dont vous pourrez facilement vous occuper et qui présente les paramètres favorables à la cohabitation avec votre chat.

Personnellement, je vous déconseille :

- d'adopter un chien sans l'avoir vu (n'adoptez jamais uniquement sur photo), d'adopter un chien chez un particulier qui le donne : un acte illégal (Article 521-1 du code pénal français) ; n'importe quel prétexte peut être invoqué pour justifier ce don ; vous n'avez pas la moindre idée des éventuels problèmes de comportement de ce chien car il n'a pas été évalué par une personne expérimentée et de confiance.

- d'adopter au coup de cœur sans avoir réfléchi aux besoins du chien que vous pouvez facilement combler, notamment le besoin d'exercice physique, très élevé chez certains chiens (généralement d'apparence athlétique).

7) Un chat habitué à vivre avec un chien aimera-t-il tous les autres ?

Si vous envisagez une cohabitation entre chats et chiens, vous pouvez penser qu'un chat ayant déjà vécu avec un chien pourra vivre en harmonie avec n'importe quel autre chien. Au travers de l'histoire de Céline que Morgan vous raconte maintenant, comprenez cet autre aspect de la relation entre chats et chiens.

Céline est une amoureuse des chats mais elle est déçue par le comportement de son jeune compagnon félin nommé Max. Ce matou demeure agressif envers le chien bouledogue Bobby chez qui sa maîtresse vient d'emménager.

« Mon chat Max, âgé de 1 an et demi maintenant, a vécu dès le début avec une femelle bouledogue. L'entente a été géniale : beaucoup de jeux, il dormait souvent avec la chienne. Même d'autres chiens pouvaient venir, il n'y avait jamais aucun souci, mon chat réagissait très bien. Mais la chienne appartenait à mon ex-copain et on s'est séparés.

Pendant les semaines qui ont suivi, j'ai trouvé mon chat triste. Il ne jouait plus, dormait la plupart du temps … J'ai donc pris une petite chatte et la métamorphose a opéré, ils s'entendent à merveille.

J'ai rencontré quelqu'un qui a aussi un chien bouledogue mais mon chat ne l'accepte pas du tout, il est très agressif. Le problème est que nous aimerions vivre ensemble, je compte emménager chez lui. Est-ce que mon chat, en terre inconnue, se comportera mieux ? Mon chat est assez dominant. Petit, il avait déjà un caractère prononcé même s'il sait être très doux. »

Question de personnalité et de caractère

En fait les chats sont comme nous. Ils ont leur propre personnalité, leur caractère, leur histoire et l'environnement confortable que nous leur offrons. Si Max a pu s'entendre à merveille avec la première chienne bouledogue, il n'aimera pas forcément le premier autre chien venu, bouledogue ou non. C'est comme pour nous. Vous pouvez vous entendre parfaitement avec un homme et, en revanche, vous rendre compte que vivre avec une autre personne peut être très désagréable. Question de personnalité et de caractère principalement …

Quand Max a vu pour la première fois débarquer sur son territoire Bobby, est-ce que les conditions étaient réunies pour favoriser le premier contact ? Comment s'est comporté Bobby au moment où il est entré dans votre appartement la première fois ? Retenons en tous cas que Max a exprimé son profond désaccord en agressant Bobby. Votre chat ne veut pas de ce chien sur SON territoire.

Le nouveau territoire de votre chat Max

Sur un nouveau territoire, à savoir le logement de votre nouveau compagnon, vous allez pouvoir reprendre les choses au début. Voyez cela comme un avantage. Max va devoir s'adapter à ce nouvel espace, accepter dès le début la présence de Bobby, ses odeurs, son couffin, ses gamelles, ses chemins de circulation déjà établis ... Vous allez favoriser au maximum les conditions de leurs premières rencontres.

Choisissez une zone privée pour Max pour aider votre chat à appréhender progressivement son nouveau territoire.

Aidez votre chat à découvrir son nouveau logement en le laissant aller et venir librement sans être inquiété par une rencontre surprise du chien. Si la taille de votre logement le permet, dédiez la moitié du logement au chat qui va s'accoutumer progressivement à de nouveaux repères. Sur l'autre moitié du logement, votre chien identifiera son nouveau compagnon par les odeurs dans l'air ambiant. Chien et chat seront séparés par une porte ou une barrière pour bébé fixée dans le chambranle d'une porte. Les animaux n'auront pas de contact direct; ils se verront et se sentiront. Deux journées me semblent être une bonne période d'accoutumance pour le chat. Ensuite, inversez les deux zones pendant une journée. Le chien aura plaisir à renifler les odeurs laissées par son colocataire et le chat fera de même de l'autre côté.

Après cette période d'emménagement, veuillez vous

reporter dans ce livre à *Première Partie – Comment éviter les agressions.*

Une nouvelle aventure commence. Vous avez tous les éléments pour rendre cette cohabitation confortable pour Max et Bobby, mais patience … Vous vous adapterez au rythme d'acceptation de votre chat. Encore une fois, la patience est votre force.

PS : il est fréquent que l'on soit plus calé au sujet de l'un ou de l'autre animal. N'hésitez pas à lire *La Méthode Bon Chien* de Laetitia si le chien n'est pas l'animal que vous connaissez le mieux ou les livres de laVieDesChats qui vous aideront à mieux connaître le chat grâce à Morgan !

8) Quiz pour tester vos connaissances

Comprendre et mettre en pratique tous les conseils de ce livre est désormais une mission accessible pour vous. Afin de vous aider à vérifier si vous avez intégré les notions nécessaires sur l'harmonie entre chat et chien, testez vos connaissances avec les quiz suivants. Vous retrouverez les réponses commentées à la fin des quiz.

Quiz du chat avec un chien

1 - En cas de bagarre entre mon chat et mon chien, que dois-je faire ?

A – Les gronder tous les deux en les prenant par le cou et en les mettant dans deux pièces séparées.

B – Jeter de l'eau sur la tête du chat en lui criant dessus pour qu'il coure dans une autre pièce.

C – Appeler mon chien pour le faire venir à moi, jeter un objet à terre près d'eux pour faire du bruit, utiliser un balai ou un torchon s'ils ne répondent pas à mes appels.

D – Crier sur mon chien et sur mon chat jusqu'à ce qu'ils arrêtent de se bagarrer.

2 - Quel ordre Laetitia propose d'apprendre à votre chien pour qu'il pose sa tête à terre ? Cette position couchée contribue à mettre en confiance un chat.

A – Couché la têtête !

B – Face contre terre !

C – Reste Cool

D – Veux-tu bien poser la tête mon chien ?

3 - Dans un appartement, deux petits chiens ne cessent de courir toute la journée après le chat. Quelle serait la première mesure à prendre parmi ces propositions ?

A - Fournir au chat une position haute (étagère, arbre à chat, ..) et éduquer les deux petits chiens.

B - Gronder les deux petits chiens à chaque fois qu'ils pourchassent le chat.

C - Chercher une famille d'accueil pour le chat.

D - Enfermer le chat dans le garage à chaque fois que les chiens lui courent après.

4 - Alors qu'un chien et un chat vivaient ensemble en paix, un évènement inconnu a provoqué une bagarre entre les deux compagnons. La bagarre a même valu aux chiens deux blessures au museau. Quelle serait la première mesure à prendre ?

A - Punir le chat et enfermer le chien dans le garage.

B - Séparer le chat et le chien dans deux espaces indépendants pour vous permettre de comprendre et entamer une phase de réconciliation sous votre contrôle.

C - Les réconcilier aussitôt en leur faisant des câlins en même temps dans votre salon.

D - Emmener promener votre chien avant d'aller jouer avec votre chat.

5 - Quand un chat et un chien se découvrent, que faut-il éviter de faire ?

A - Prendre le chat dans ses bras et le tendre à son chien pour qu'il le renifle.

B - Permettre au chat de se réfugier sur une position en hauteur, tel un arbre à chat ou un hamac.

C - Promener le chien longuement avant les rencontres, lui demander de rester assis sagement d'abord près de vous et permettre au chat d'aller en liberté dans la pièce où vous surveillez ces premières confrontations.

D - Éduquer votre chien pour qu'il vous obéisse et proposer à votre chat d'entendre, durant les jours précédents, l'enregistrement des aboiements de votre chien.

Réponses

1- La réponse est C.

Si vous répondez A, vous risquez de vous faire mordre ou griffer et en plus, votre chat ne comprendra pas votre intervention manu militari, il sera tenté de vous éviter par la suite. La réponse B risque de faire augmenter inutilement le stress de votre chat, son incompréhension et il vous identifiera désormais comme un agresseur au même titre que le chien. Enfin, la réponse D aura le même effet inutile et négatif, vous n'arriverez pas à les séparer avec diplomatie de cette manière.

2- La réponse C, l'ordre « Reste Cool ».

Couché la têtête ! : il n'est pas nécessaire de parler à votre chien de cette façon pour lui donner un ordre. Il vaut mieux une expression plus neutre qui vous empêche de changer de mot quand vous êtes énervé.

Face contre terre ! : c'est très virulent pour un ordre. C'est une expression qui vous incite à crier assez facilement. En outre, dans le contexte de notre question, garder son calme et ne pas élever la voix est encore plus crucial que d'ordinaire.

Veux-tu bien poser la tête mon chien ? Apprenez des ordres à votre chien à l'impératif; utilisez des mots faciles à dire et à répéter toujours de la même façon.

3- La réponse A.

Pour la réponse B, gronder les deux chiens ne sert à rien sinon qu'à rompre la complicité que vous aviez jusque-là avec vos deux compères. La réponse C ne sera pas la première réflexion à avoir, il y a tant de solutions. Enfin pour D, enfermer le chat dans le garage est, comme gronder les deux chiens, inutile et contre-productif. Votre chat retiendrait que les chiens l'agressent, que vous le rejetez de son territoire, il sera alors très malheureux et il risque soit de s'exiler pour trouver un foyer plus accueillant ou demeurera déprimé.

4- La réponse B.

Cette mesure est temporaire pour vous permettre d'identifier peut-être la raison de cette bagarre (aménagement des espaces, ...), pour calmer les esprits avant d'entamer la phase de réconciliation.

La réponse A est la pire des options puisqu'aucun de vos compagnons ne comprendra la punition ou l'isolement. La réponse C n'est pas envisageable puisque vous devez proposer avant tout une approche pour que chacun regagne la confiance de l'autre. Enfin la réponse D est sympathique pour votre chat et votre chien mais vous n'apportez aucune solution. Comme les mêmes causes créent les mêmes effets, vos compagnons ont un risque très fort de se bagarrer violemment à nouveau.

5- La réponse A bien sûr.

Dans une telle situation, vous êtes sûr de faire paniquer votre chat, hostile à toute entrave et à tout chien inconnu. Vous risquez aussi d'exciter inutilement votre chien qui pourrait croire à votre autorisation de jouer avec votre chat.

Les autres options sont des conseils que vous retrouvez à travers le livre.

Quiz du chien avec un chat

1- Vouloir à tout prix traiter son chien et son chat de la même façon par peur d'être injuste avec l'un de ses animaux, cela pose souvent plus de problèmes que cela n'aide les animaux. Pour quelle raison ?

A - il faut toujours être doux avec un chat et plus sévère avec un chien

B - ces animaux n'ont pas les mêmes besoins

C - il ne faut jamais laisser un chien monter sur le lit ou le canapé

2- Est-il vrai qu'on peut faire la différence entre un chien qui veut jouer avec un chat et un chien qui veut traquer un chat ?

A - oui

B - non

3- Avec quelle mauvaise habitude, sans s'en rendre compte, peut-on envenimer les relations entre son chien et son chat ?

A - faire plus de câlins à l'un ou à l'autre

B - gronder son chien quand il se montre un peu hostile

C - rassurer son chat quand il se montre un peu hostile

4- Quelle est la situation qu'il faut absolument éviter avec un chat et un chien à la maison ?

A - Dormir avec le chien et le chat sur le lit

B - Donner à manger au chien et au chat au même endroit

C - Laisser des portes fermées

5- Morgan vous encourage à dégager l'accès aux meubles en hauteur et à installer des étagères pour qu'un chat craintif puisse se déplacer sans stress hors de portée du chien. Outre ces excellentes mesures "dans les airs» :) qu'est-ce qu'il faudrait vraiment éviter "au sol» ?

A - les dessous de meubles bloqués

B - les coussins et les tapis

C - les lieux de passages bloqués

6- Qu'est-ce qui est le plus important quand vous voulez un chiot et que vous avez déjà un chat ?

A - choisir un élevage où les chiots grandissent avec des chats

B - choisir une race de chien de compagnie avec un faible instinct de poursuite

C - choisir une race de chien docile

7- Certains chiens adultes à l'adoption sont signalés

comme sociables avec les chats. Ils ont été testés, souvent en famille d'accueil, où viennent de foyers où vivent des chats. Mais cela ne garantit pas que ces chiens vont s'entendre avec tous les chats de la Terre y compris le vôtre. Qu'est-ce qui peut être intéressant aussi quand on adopte un chien dans un refuge ?

A - qu'il soit calme

B - qu'il ne soit pas trop grand

C - qu'il soit déjà éduqué

Réponses

1-Réponse B. L'idée qu'il faut être autoritaire pour éduquer un chien date d'une autre époque. Ne pas laisser son chien monter sur le mobilier, parce qu'on ne veut pas de poils dessus, est une raison légitime. Ne pas l'autoriser parce qu'on a peur qu'il se prenne pour le chef suprême est une vieille idée reçue. Cela ne correspond pas à ce que nous savons aujourd'hui du comportement canin.

Non, tout simplement, un chien et un chat sont des animaux différents aux besoins différents. Essayer systématiquement de ne pas être injuste envers l'un ou l'autre pousse à négliger l'un ou l'autre des animaux. Comme avec l'exemple de Tanguy et Loulou (cf. *Des problèmes insoupçonnés*).

2-Réponse A. Le langage du chien, composé d'un grand nombre de signaux visuels parfois envoyés en même temps avec des sens différents, est compliqué ! C'est vrai, mais un chien qui veut jouer n'indique généralement pas qu'il a de mauvaises intentions. Il peut remuer la queue, haleter avec la langue pendante, aboyer, faire des petits sauts, etc. Cela ne veut pas dire qu'un chien qui joue est forcément moins dangereux car il n'a peut-être pas de bonnes compétences de jeu. Il n'a simplement pas l'intention de blesser.

3-Réponse B. Les chiens peuvent associer les chats à une émotion positive s'il se passe des choses plaisantes en leur présence, jour après jour. Ainsi, gronder son chien régulièrement risque de créer l'association chat = déplaisant ! Apprenez l'ordre « stop», le rappel; créez des diversions ou banalisez en ignorant, selon les contextes. Mais ne grondez pas votre chien qui risque soit de devenir plus agressif, soit de ne plus prévenir avant d'attaquer. Faire plus de câlins à l'un ou à l'autre, c'est ce qui se passe dans de nombreux foyers.

Par exemple, le chat est très présent dans la chambre où le chien n'entre jamais, ou bien le chien est très présent en général et le chat plutôt discret. Ce n'est pas intentionnel chez de nombreuses personnes. Elles se sentent parfois coupables mais le principal est que les besoins des animaux soient comblés et qu'aucun ne manque d'attention. En outre, de nombreux chiens n'apprécient pas particulièrement les câlins « collés-serrés» ! Rassurer son chat qui se montre un peu hostile est préférable au cri ou au bruit pour le faire fuir. Un chat énervé et stressé retrouvera le calme dans la solitude pendant un quart d'heure ou plus, selon sa personnalité. Il appréciera vos caresses par la suite.

4-Réponse B. De nombreuses personnes dorment avec leurs animaux. Il n'y a pas de raison de s'en priver si c'est un plaisir et que les animaux se comportent tous très bien. Laisser des portes fermées peut être pratique dans certaines maisons, pour éviter que le chien, le chat ou les deux aillent dans des pièces que vous avez décidé de leur interdire.

Ce qu'il faut surtout éviter, c'est nourrir un chien en présence d'un autre animal. Il arrive que des chiens soient habitués et cela ne pose pas de problèmes. Néanmoins, il y a des risques à laisser un chien manger alors qu'un chat est dans les parages. Le chien est extrêmement attaché à sa nourriture ; c'est très différent de nous. Une bonne prévention implique d'ailleurs de ne pas faire manger un chien en présence d'enfants, ni d'un autre chien. De plus, le chat a lui-même besoin d'un coin repas exclusif pour se sentir chez lui.

5-Réponse C. Les chats apeurés préfèrent se réfugier en hauteur s'ils en ont la possibilité. Sous un lit ou un canapé est une bonne cachette en cas de stress mais cela confère rarement un vrai sentiment de sécurité, surtout quand les chiens sont de petite taille, capables eux aussi de se faufiler à certains endroits. Ce n'est pas très grave qu'un chat ne puisse pas se faufiler sous les meubles et plus grave s'il ne peut pas prendre de la hauteur.

L'idéal est qu'il puisse facilement aller où il se sent le plus en sécurité à tout moment. Les coussins et les tapis ne posent pas de problème. Au contraire, vous offrez du confort au chien (et encouragez-le à s'y installer !) alors il préférera rester au sol plutôt que de suivre le chat sur les lits, les fauteuils, etc., pratique dans les petits appartements. Il faut simplement éviter qu'il n'y ait qu'un seul endroit confortable convoité à la fois par le chien et le chat. Chacun doit avoir sa petite place douillette.

Ce qui doit être évité, c'est un couloir, un pas de porte, bref, un lieu de passage bloqué : le risque d'avoir chat et chien bloqués augmente… L'un ou l'autre ne veut plus bouger. Qui va bouger en premier ? Parfois le mouvement déclenche l'agression ! Un chat bloqué panique. Un chien bloqué a plusieurs moyens de s'extirper de là. Certains baissent la tête et s'éloignent doucement mais certains chats, qui ne lisent pas bien ces signaux, agressent quand même. D'autres chiens vont se montrer hostiles. Veillez à ce qu'il n'y ait aucun de « cul-de-sac» chez vous !

6-Réponse A. Ce sont trois bonnes idées mais la plus cruciale est la première. Vous pouvez avoir un chien d'une race dite docile et plein de problèmes pour diverses raisons. Vous pouvez avoir un chien de compagnie avec un faible instinct de poursuite et celui-ci court après votre chat. Plus encore que la race du chien et ses caractéristiques, un bon élevage, où le chiot a vécu de bonnes expériences avec au moins un chat sociable, est un grand atout. Ce n'est jamais gagné d'avance mais ce qu'un chien a vécu dans ses premières semaines de vie est capital.

7-Réponse C. C'est beaucoup plus facile quand vous

adoptez un chien adulte qui connaît les ordres de base. Vous devrez sans doute vous investir dans son éducation mais ce sera moins long et, dès les premiers jours, vous pourrez apprendre à votre chien ce qu'il est nécessaire d'apprendre pour cohabiter avec votre chat.

Pour l'adoption, je conseille plutôt un chien adulte (pas pré-adolescent ou adolescent), stérilisé et testé avec les chats et éduqué un minimum. Un chien qui paraît calme devant vous ne le sera peut-être plus en vivant avec un chat. La taille d'un chien n'a pas une très grande importance. Un chat qui a peur des chiens a rarement plus peur des grands chiens que des petits. Et un chien de grande taille, à condition qu'il soit bien éduqué, n'est pas plus dangereux pour un chat qu'un chien de petite taille.

Conclusion

Si votre chien et votre chat vivent sous tension, nous vous avons proposé de multiples solutions ainsi que des idées pour trouver l'inspiration puisque chaque cas de mésentente est différent.

Morgan a développé des notions et actions essentielles visant à réduire le risque d'agression de votre chat sur votre chien. Un chat qui a la possibilité d'échapper au danger est un chat qui n'a pas besoin de se défendre. Laetitia a proposé des apprentissages et diverses mesures pour réduire le risque d'agression de votre chien sur votre chat et pour limiter les comportements effrayants sans intention d'agresser. Un chien encouragé à répéter de bons comportements vis à vis d'un chat est un chien qui préfère faire ce que vous lui demandez plutôt que se précipiter sur le félin.

Vous avez donc un rôle important à jouer dans cette relation entre votre chat et votre chien.

Nous vous avons rappelé, de temps à autre, les limites de ce rôle et nous vous avons informé des différents risques qu'engendre une situation stressante pour l'humain, tant en cas de bagarre que dans la vie de tous les jours. Nous vous avons encouragé à ne pas faire usage de la menace, de la force physique ou de la violence verbale, qui peuvent vite détruire la relation entre vous et vos animaux et provoquer la peur chez eux. Celle-ci se manifeste fréquemment par plus d'agressivité.

Pour toutes celles et ceux qui nous contactent régulièrement sur nos sites laViedesChats.com et OuafMag.com à propos de l'arrivée prochaine d'un chat ou d'un chien, nous avons abordé la thématique souvent angoissante de la rencontre, des premières heures et des premiers jours. Nous en avons profité pour approfondir quelques notions qui nous semblent fondamentales, particulièrement sur la sécurité.

Enfin, il nous a paru indispensable d'aider nos lecteurs dans la préparation d'un projet de cohabitation entre un chien et un chat, en proposant des conseils relatifs au choix d'un nouvel animal.

Nous espérons que le résultat de nos nombreux échanges à propos de nos expériences respectives et des connaissances que nous avons acquises au fil des ans, vous ont aidé à trouver la paix.

L'expression "comme chien et chat» signifie que deux personnes sont totalement opposées. Pourtant, malgré leurs différences, les chiens et les chats ont au moins un point commun : ils veulent la paix.

A nous de leur montrer que c'est possible avec tout notre amour pour nos animaux !

Des mêmes auteurs

Laetitia de OuafMag.com

- *La Méthode Bon Chien*, 2012.

- *Trouver, Choisir et Adopter Un Chien Dans Un Refuge*, 2014.

- *Tais-Toi, Les Solutions Les Plus Efficaces Contre l'Aboiement Excessif*, 2014.

- *Vivre En Paix Avec Plusieurs Chiens*, 2015.

- *Choisir une race de chien*, 2015.

Livres disponibles sur Amazon et/ou le site OuafMag.com avec des bonus et des services inclus.

Morgan de laVieDesChats.com

- *Recettes pour chats agressifs… ou comment faciliter les premières rencontres*, 2014.

- *Recettes contre les pipis de chats… ou comment le ramener dans sa litière*, 2014.

- *Recettes pour deux chats heureux… ou comment réussir leur cohabitation*, 2015.

Livres disponibles en version numérique (liseuse, fichier pdf) et en version papier sur Amazon ou sur laVieDesChats.com

Droits d'auteur

Le contenu du présent ouvrage est protégé par la législation française et internationale sur les droits d'auteur et la propriété intellectuelle. Toute reproduction ou représentation intégrale ou partielle, par quelque procédé que ce soit, du texte et/ou des images et/ou du sommaire contenus dans le présent ouvrage est strictement interdite sans l'accord préalable et écrit des auteurs.

Clause de non responsabilité

Les informations contenues dans le présent ouvrage sont soumises à une clause de non-responsabilité.

Les auteurs ont pris toutes les précautions nécessaires pour fournir des informations de haute qualité via des recherches approfondies, des entretiens avec des professionnels et des propriétaires d'animaux et en ayant soumis le présent ouvrage à la relecture auprès de plusieurs personnes.

Toutefois, les informations, techniques, conseils et autres types de contenus figurant dans le présent ouvrage :

- ont un caractère général et peuvent ne pas convenir à certaines situations spécifiques

- n'ont pas valeur de conseil professionnel

- sont sans garantie de résultat, car il appartient au lecteur d'utiliser le contenu de cet ouvrage en fonction de sa situation personnelle, de ses propres choix, objectifs et aptitudes

La responsabilité des auteurs ne pourra en aucun cas être engagée en ce qui concerne les conséquences pouvant résulter de l'application des informations, techniques, conseils et autres types de contenu figurant dans le présent ouvrage.

Les auteurs ne pourront en aucun cas être tenus responsables d'un résultat insatisfaisant ou d'un incident, quelle qu'en soit sa nature. Les auteurs ne pourront en aucun cas être passibles de dommages et intérêts ou tout autre type de réclamations et indemnités en ce qui concerne les conséquences pouvant résulter de l'application des conseils, techniques et autres types de contenus du présent ouvrage.

Toute erreur signalée fera l'objet d'une correction immédiate et l'ouvrage sera mis à jour et rendu disponible dans sa version corrigée.

www.ingramcontent.com/pod-product-compliance
Lightning Source LLC
Chambersburg PA
CBHW071351280526
45787CB00001B/287